AF324426

MAGASIN THÉATRAL.

CHOIX DE PIÈCES NOUVELLES,

JOUÉES SUR TOUS LES THÉATRES DE PARIS.

THÉATRE DE LA GAITÉ.

STELLA,

Drame en cinq actes et six tableaux.

PARIS.

MARCHANT, ÉDITEUR

Boulevart Saint-Martin, 12.

BRUXELLES.

TARRIDE, LIBRAIRE, PASSAGE DE LA COMÉDIE.

CATALOGUE DES PIÈCES

contenues dans les 25 volumes de la

BIBLIOTHÈQUE DE VILLE ET DE CAMPAGNE,

(2me ÉDITION DU MAGASIN THÉATRAL).

ILLUSTRÉE DE GRAVURES SUR BOIS ET DE PORTRAITS D'ACTEURS.

Chaque volume se vend séparément : **3 fr. 50 c.**

TOME PREMIER.

- Marino Faliero, tr. 5 a. par C. Delavigne. 50
- L'Homme du siècle, dr. h. 4 a. 40
- Le Royaume des Femmes, f. 1 a. 40
- Le Sauveur, com. 3 a. 40
- L'Amitié d'une jeune fille, m. 40
- Je serai Comédien, c. 1 a. 30
- Le Curé Mérino, dr. 5 a. 50
- Antony, d. 4 a. par A. Dumas. 50
- Le Mari d'une Muse, c.-v. 1 a. 30
- Les 4 Ages du Palais-Royal. 40
- Juliette, dr. 3 a. 40
- Une Dame de l'empire, c.-v. 1a. 30
- La Paysanne demoiselle, v. 4 a. 40
- Les Liaisons dangereuses, dr. 40
- Un de plus, com.-v. 3 a. 40
- Le Doigt de Dieu, dr. 1 a. 40
- L'honneur dans le crime, dr. 50

TOME II.

- Catherine Howart, dr. en 5 a. par Alexandre Dumas.
- Une Passion, v. 1 a. 50
- La Vénitienne, dr. 5 a. 40
- Théophile, c.-v. 1 a. 50
- Pécherel l'empailleur, v. 30
- Estelle, com.-v. 1 a. 30
- L'Apprenti, vaud. 1 a. 30
- Salvoisy, com. 2 a. 40
- Lestocq, op.-c. 4 a. 40
- Turiaf-le-Pendu, v. 1 a. 50
- Un Enfant, dr. 4 a. 30
- Le Capitaine Roland, c.-v. 40
- La Nappe et le Torchon, c.-v. 30
- Les Duels, com.-v. 2 a. 40
- L'Ambitieux, com. 5 a. 40
- Le Commis et la Grisette, v. 50
- Heureuse comme une princesse 40

TOME III.

- Les Enfans d'Édouard, trag. 40
- Mari de la Veuve, A. Dumas. 40
- Les Deux Borgnes, fol.-v. 30
- Prêtez-moi 5 francs, mél. 40
- Le Juif errant, dr. fant. 50
- La Lectrice, vaud. 2 a. 40
- La Famille Moronval, dr. 5 a. 50
- Morin, dr. 5 a. 50
- Mon ami Grandet, vaud. 50
- Le Ramoneur, vaud. 40
- La vie de Napoléon, sc. épis. 30
- Latude, mél. hist. 5 a. 50
- La Prima Dona, v. 1 a. 40
- Georgette, vaud. 30
- Le For l'Évêque, vaud. 40
- Frétillon, vaud. 5 a. 50
- 1834 et 1835, rev. épis. 30
- La Fille de l'Avare, v. 2 a. 40

TOME IV.

- Napoléon, par Alex. Dumas. 50
- Atar-Gull, mél. 4 a. 40
- Être aimé ou mourir, c.-v. 30
- Dolly, dr. 3 a. 40
- Les Chauffeurs, mél. 3 a. 40
- Les Pages de Bassompierre. 30
- Farinelli, com.-hist. 40
- La Nonne sanglante, dr. 5 a. 50
- La Marquise, op.-com. 1 a. 40
- Fich-Tong-Kang, v. 1 a. 40
- Mademoiselle Marguerite. 30
- Les Gants jaunes, v. 1 a. 40
- Le Cheval de bronze, o.-c. 3 a. 40
- Les Beignets à la Cour, c. 1 a. 30
- Le Père Goriot, v. 2 a. 40
- Fleurette, dr. 3 a. 40
- Étienne et Robert, v. 30
- Une Mère, dr. 2 a. 40

TOME V.

- Charles VII, tragédie en 5 actes, par Alexandre Dumas. 50
- Mme d'Egmont, com. 3 a. 40
- La Traite des Noirs, dr. 50
- Karl, dr. 4 a. 40
- La Croix d'or, c.-v. 2 a. 40
- Jeanne de Flandre, mél. 40
- Une Chaumière et son Cœur. 40
- On ne passe pas, v. 1 a. 30
- Cornaro, parode d'Angelo. 40
- Cromwell, dr. 5 a. par Cordelier Delanoue.
- Mathilde, com. 3 a. 50
- Ma Femme et mon Parapluie. 40
- La Berline de l'Émigré, d.5 a. 50
- Le Curé de Champaubert, v. 40
- L'Habit ne fait pas le moine. 40
- Marguerite de Quélus, d. 3 a. 40
- Les deux Reines, op.-c. 30

TOME VI.

- Thérésa, d. 5 a. par A. Dumas. 50
- Charlotte, dr. 3 a. 40
- La Consigne, com.-v. 1 a. 30
- Pauvre Jacques, c.-v. 1 a. 40
- Madelon Friquet, v. 2 a. 40
- L'Aumônier du régiment, 1 a. 40
- Un Mariage sous l'empire, v.2a 40
- La Pensionnaire mariée, c.-v. 40
- Le Mariage raisonnable, 1 a. 30
- La Tirelire, com.-v. 1 a. 40
- La Tache de sang, dr. 3 a. 40
- La Savonette impériale, v. 40
- André, vaud. 2 a. 40
- Jean-Jean, parod. en 5 pièc. 50
- La Sonnette de nuit, c.-v. 1 a. 40
- La Fiole de Cagliostro, v. 40
- Infidélités de Lisette, v. 3 a. 40
- Les Enragés, tab. villageois. 30
- Jérusalem délivrée. 50

TOME VII.

- Angèle, d. 5 a. par Alexandre Dumas. 50
- L'homme du monde, dr. 5 a. 50
- Le Conseil de révision, v. 4 a. 50
- Le Procès du mar. Ney, 4 a. 30
- Valentine, dr.-vaud. 2 actes. par Scribe et Mélesville.
- Coquelicot, vaud. 3 a. 40
- Pensionnat de Montereau. 40
- La Folle, dr. 3 a. 30
- Le Gamin de Paris, c.-v. 2 a. 40
- Le Transfuge, dr. 3 a. 50
- M. et Madame Galochard. 40
- Les Chansons de Désaugiers. 50
- Le Prévôt de Paris, mél. 3 a. 40
- Gil-Blas, vaud. 3 a. 40
- Renaudin de Caen, c.-v. 2 a. 40
- Chut! 2 actes, par Scribe. 40
- Cotillon III, c.-v. 1 a. 40

TOME VIII.

- La Chambre Ardente, d. 5 a. par Mélesville et Bayard. 50
- Le Moine, dr. 4 a. 40
- Héloïse et Abeilard, dr. 5 a. 50
- La Laide, dr. 3 a. 40
- L'Enfant du Faubourg, v 3 a. 40
- L'Ingénieur, dr. 3a. par Charles Duveyrier. 40
- La Marq. de Pretintaille, v. 1 a. 30
- Don Juan de Marana, myst. par Alexandre Dumas. 50
- Le Démon de la Nuit, v. 2 a. 40
- Un Procès criminel, c. 3 a. par Rosier. 50
- Le comte de Horn, dr. 3 a. 40
- Un Bal du grand monde, v. 1a. 40
- Le Barbier du roi d'Aragon. 3. par Dupeuty, Fontan et Ader. 40
- Reine, Cardinal et Page, v. 30

TOME IX.

- La D. de la Vauballière, d. 5 a. 50
- Jeanne Vaubernier, c. 3 a. 40
- Indiana, dr. 5 parties. 50
- Jours gras sous Charles IX, dr. par Lockroy et Arnould. 40
- Mistress Siddons, c.-v. 2 a. 40
- Tout ou Rien, dr. 3 a. 40
- Amazampo, dr. 4 a. et 6 tab. 50
- Christiern, mél. 3 a. 40
- Casanova, v. 3 a. 40
- Georgine, com.-v. 1 a. 30
- Sir Hugues, par Scribe, dr. 40
- Arriver à propos, v. 1 a. 30
- Marie, par Mme Ancelot. 50
- Pierre le Rouge, par de Rougemont, Dupeuty et Antier. 40
- La Femme de l'Épicier, v. 1 a. 30
- L'Épée de mon Père, v. 1 a. 30

TOME X.

- Kean, drame en 5 actes, par Alexandre Dumas. 50
- Père et Parrain, v. 2 a. 40
- Les Deux divorces, c.-v. 1 a. 40
- Un Cœur de mère, c.-v. 2 a. 40
- Taffier, dr. 5 a. 50
- Le Muet d'Ingouville, c.-v. 2 a. 40
- El Gitano, mél. 5 a. 50
- Léon, drame en cinq ac. par Rougemont.
- Fils d'un agent de change, 1 a. 50
- Le comte de Charolais, 3 a. 40
- Le Mari de la Dame de chœurs. 50
- Roquelaure, vaud. 4 a. 50
- Madame Favart, com. 3 a. par Xavier et Masson. 40
- L'Ambassadrice, op.-c. 3 a. par Scribe. 50

TOME XI.

- L'Année sur la Sellette, r. 1 a. 30
- Le Secret de mon Oncle, v. 1 a. 30
- La Nouvelle Héloïse, dr. 3 a. 40
- Gaspardo, par M. Bouchardy. 50
- La Chevalière d'Éon, v. 3 a. 40
- Le Postillon de Lonjumeau. 40
- Austerlitz, évén. hist. 3 a. 40
- Le Muet de St-Malo, v. 1 a. 30
- Riche et Pauvre, dr. 5 a. 50
- Stradella, com. 1 a. 30
- La Laitière et les 2 Chasseurs. 30
- Huit ans de plus, mél. 3 a. 40
- La Champmeslé, c.-anec. 2 40
- Michel, com.-vaud. 2 a. 40
- Les Sept Infans de Lara, d.5 a. 50
- Paraviédès, dr. 3 a. 40
- Pèrret Fils, vaud. 1 a. 30
- Le Portefeuille ou 2 Familles. 50

TOME XII.

- Riquiqui, com.-vaud. 3 a. 40
- Un Grand Orateur, c.-v. 1 a. 30
- Trop Heureuse, c.-v. 1 a. 40
- Le Paysan des Alpes, dr. 5 a. 50
- La Vieillesse d'un grand Roi. 40
- L'Étudiant et la Grande Dame. 50
- La Comtesse du Tonneau, v.2a. 50
- Polly, com.-vaud. 3 a. 50
- Le Bouquet de bal, c. 1 a. 40
- La Vendéenne, c.-v. 2 a. 50
- Julie, com. 5 a. 50
- L'honneur de ma mère, d. 3 a. 50
- Eulalie Granger, dr. 5 a. par Rougemont. 50
- Schubry, c.-v. 1 a. 30
- L'Ange gardien, dr.-v. 3 a. 40
- Miel et Vinaigre, c.-v. 1 a. 30
- Femme et Maîtresse, c.-v. 1 a. 30

TOME XIII.

- Un Chef-d'Œuvre inconnu. 40
- Jeanne de Naples, dr. 5 a. 50
- Le Gars, dr. 5 a. 50
- Vouloir c'est pouvoir, c.-v. 2 a. 40
- Mina, com.-vaud. 2 a. 40
- Le 3me et le 4me, v. 1 a. 30
- Le Père de l'Enfant, c.-v. 2 a. 40
- Sans Nom! myst. 1 a. 40
- L'Agrafe, mél. 3 a. 40
- Le Mari à la ville et la Femme à la campagne, c.-v. 2 a. 40
- Une Fille de l'Air, f 3 a. 50
- Le Château de ma Nièce, c. 1 a. 30
- La Fille d'un Militaire, c.-v. 2 a. 40
- Le Tour de Faction, v. 1 a. 30
- La double échelle, o.-c. 1 a. 40
- Bruno le Fileur, 2 a. 40
- Un Jour de Grandeur, dr. 3 a. 40

TOME XIV.

- Le Tourlourou, vaud. 5 a. 50
- Le Bon Garçon, op.-c. 1 a. 30
- L'Officier Bleu, dr. 3 a. 50
- Portier je veux de tes cheveux. 40
- Rita l'Espagnole, dr. 4 a. 50
- Piquillo, op.-com. 3 a. 40
- Le Café des Comédiens, v. 1 a. 40
- Thomas Maurevert, dr. 5 a. 50
- Pauvre Mère, dr. 5 actes par Francis Cornu et Auger. 50
- Spectacle à la Cour, c.-v. 2 a. 40
- Le Domino Noir, op.-c. 3 a. par Scribe.
- Longue-Épée, dr. 5 a. 50
- Maria Padilla, en 3 a. 40
- Roméo et Juliette, trag. 5 a. par Frédéric Soulié. 50
- La Folie Beaujon 30

TOME XV.

- Marquise de Senneterre, c. 3 a. 40
- Caligula, 5 a. par A. Dumas. 50
- L'Île de la Folie, r. 1 a. 30
- La Dame de la Halle, v. 2 a. 40
- Les Saltimbanques, par. 3 a. 40
- A Trente Ans, v. 3 act. par Rosier. 40
- L'Élève de St-Cyr, dr. 5 a. 50
- Marcel, dr. 4 a. 50
- La Maîtresse de Langues, 1 a. 40
- Le Cabaret de Lustucru, 1 a. 40
- L'Interdiction, dr. 2 a. 40
- La Pauvre Fille, mél. 5 a. 50
- Isabelle, com. 3 a. 40
- La Petite Maison, c.-v. 2 a. 40
- La Demoiselle Majeure, v. 3 a. 30
- M. et Mme Pinchon, c.-v. 1 a. 30
- Mlle Dangeville, c.-v. 1 . 40

TOME XVI.

- Arthur, c.-v. 2 a. 40
- Les Suites d'une faute, d. 5 a. 50
- Les Enfans du délire, v. 1 a. 40
- Matéo, d. 5 a. 50
- Le Mariage en Capuchon, v. 2a. 40
- A bas les hommes! v. 1 a. 40
- La Bourse de Pézénas, v. 1 a. 30
- Lord Surrey, dr. 5 actes par Fillion et de Josserand. 50
- Simon Terre-Neuve, c.-v. 1 a. 30
- Gaspard Hauser, dr. 4 a. par Anicet et D'ennery. 50
- Les deux Pigeons, c.-v. 4 a. 40
- Mathias l'Invalide, c.-v. 2 a. 40
- Impressions de Voyages, v. 2a. 40
- Geneviève de Brabant, mél. 4 a. 40
- Rafaël, dr.-com. 3 a. 40
- Faute de s'entendre, com. 1 a. 40

STELLA.

DRAME EN CINQ ACTES ET SIX TABLEAUX,

PAR M. ANICET-BOURGEOIS,

REPRÉSENTÉ POUR LA PREMIÈRE FOIS, A PARIS, SUR LE THÉATRE DE LA GAITÉ, LE 21 NOVEMBRE 1843.

PERSONNAGES.	ACTEURS.	PERSONNAGES.	ACTEURS.
FRÉDÉRIC II, roi de Prusse (père noble)...............	M. Joseph.	GUILLAUME, officier...........	M. Gustave.
ERNEST DE FRIDBERD (1er rôle, jeune).................	M. Serville.	CLAKMANN.................	M. Ameline.
LE COLONEL D'OSBORN (1er rôle).................	M. Saint-Marc.	*PREMIER OFFICIER..........	M. Margel.
THÉODORE (jeune amoureux)...	M. Goujet.	*DEUXIÈME OFFICIER.........	M. Laisne.
GUSTAVE (3me amoureux)......	M. Rosier.	*DEUXIÈME PAGE............	Mlle Fanny.
ULRICH BURL (1er comique).....	M. Serres.	*UN SOLDAT...............	M. Desiré.
JOBIN (2me comique)...........	M. Francisque.	*UN JARDINIER.............	M. Dharcourt.
M. DE MITTAU (grande utilité)...	M. Édouard.	*UN DOMESTIQUE......	M. Fonbonne.
HERMANN (rôle de convenance, jeune)..................	M. Eugène.	MARIE, (1er rôle)............	Mme Gautier.
FRITZ (financier)...........	M. Charlet.	STELLA (jeune première)........	Mme E. Sauvage.
M. DE STRAUNITZ, premier page (travestie)................	Mlle H. Gautier.	Mme DE RICCA (mère noble	Mme Melanie.
		Mme MULLER (2me mère noble) ..	Mme Stéphanie.
		CHRISTINE (soubrette)...........	Mlle Leontine.
		GERTRUDE (caractère)..........	Mme Chéza.

OFFICIERS, PAGES, GARDES, PAYSANS.

La scène se passe : au prologue, à Berlin, chez le Roi ; au premier acte, au château de Ricca en Poméranie, quinze ans après le prologue ; au premier tableau du deuxième acte, dans une masure aux environs de la forteresse du Mont-des-Géants à la frontière de Silésie ; au deuxième tableau du deuxième acte, et aux troisième et quatrième actes, à la forteresse.

NOTE POUR LA PROVINCE. Tous les rôles marqués de ce signe * peuvent se doubler ou être supprimés au moyen de faciles modifications.

1843

PROLOGUE.

Le palais du roi Frédéric, à Berlin. Un salon au rez-de-chaussée, ouvrant sur le parc. A droite, au deuxième plan, une cheminée avec du feu ; au troisième, une porte ; à gauche, au deuxième, l'entrée des appartements du Roi ; au troisième, une croisée ouverte ; au milieu, au fond, grande porte donnant sur le parc ; près de la cheminée, une table couverte d'un riche tapis, plume et encre ; à gauche, à l'avant-scène, un canapé placé en face du public *.

SCÈNE PREMIÈRE.

PREMIER PAGE, GUSTAVE.

Au lever du rideau, on entend un bourdonnement de voix au dehors. Le Page, penché sur la fenêtre latérale, semble prendre part à ce qui se passe. Gustave Verner entre par le fond, aperçoit et reconnaît le Page, s'approche de lui et lui, prenant l'oreille, lui dit en grossissant sa voix :

GUSTAVE. Que faites-vous donc là , monsieur de Straunitz ?

PREMIER PAGE, *avec effroi.* Pardon, monsieur le gouverneur... Je... je. . (*Il tourne tête vers Gustave, le reconnaît, et part d'un éclat de rire.*) Ha ! ha ! ha !

GUSTAVE, *avec une gravité comique.* De qui riez-vous, monsieur ?

PREMIER PAGE. De moi , parbleu ! J'ai vraiment cru entendre la grosse voix de notre gouverneur.

GUSTAVE. J'ai donc bien réussi à la contrefaire ?

PREMIER PAGE. Comme un ex-page, mon lieutenant.

GUSTAVE, *le regardant en face.* Vous dites ?...

PREMIER PAGE. Je dis mon lieu... (*Remarquant sa ceinture.*) Ah ! pardon !... pardon , mon capitaine... comment ! déjà ! deux grades en trois ans !

GUSTAVE. On avance vite en temps de guerre.

PREMIER PAGE. Oui, quand le courage vous pousse...

GUSTAVE. Et que le canon fait des vides au-dessus de nous. Mais pourquoi restais-tu là, penché sur cette fenêtre ?

PREMIER PAGE. Eh ! mon Dieu ! je regardais passer le corps mutilé de ce pauvre Mulgrave qu'on transporte à l'hôpital.

GUSTAVE. Mulgrave !

PREMIER PAGE. Oui... le Bavarois... qui sortit il y a trois ans des pages, et fut nommé officier en même tems que vous. Le malheureux vient de se tuer.

GUSTAVE. Lui ! Mulgrave ! un ancien camarade !

PREMIER PAGE. Il n'avait plus que ce moyen d'éviter l'échafaud peut-être.

GUSTAVE. Quelle faute, quel crime avait-il donc commis ?

PREMIER PAGE. Comment ! vous êtes arrivé de Stettin, hier soir, avec le roi, et vous ne savez rien ! moi qui comptais que vous alliez tout m'apprendre !

GUSTAVE. Tu ne sais donc rien non plus ?

PREMIER PAGE. Pas grand'chose... depuis deux jours on parle ici d'un crime de haute trahison... On dit que des papiers de la plus grande importance ont été saisis sur un déserteur de la compagnie de Mulgrave au moment où il gagnait la frontière. Ce pauvre diable, ramené à Berlin, a été écroué hier provisoirement à la geôle du château, et ce matin , d'après les aveux de ce soldat sans doute, Mulgrave a été arrêté... A peine enfermé avec son complice, le lieutenant, pour couper court au procès qu'on allait lui faire, a tiré de sa poche un pistolet qu'il y avait caché et s'est brûlé la cervelle.

GUSTAVE. C'est là une bien triste fin , et que nous étions loin de prévoir, lorsqu'en sortant des pages Mulgrave , Fridberg et moi, nous nous séparâmes en nous assurant pour la vie bonne et franche amitié.

PREMIER PAGE. Vous savez que M. de Fridberg, votre inséparable d'autrefois, est aujourd'hui secrétaire de la chancellerie.

GUSTAVE. Il doit être à Berlin ?

PREMIER PAGE. Non, depuis deux mois il est auprès du grand chancelier, qu'un accès de goutte retient à la campagne... Néanmoins , vous verrez bientôt votre ami... car le roi, en arrivant hier soir , a demandé plusieurs fois M. de Fridberg... et deux courriers sont partis pour presser son retour ici... (*Remontant la scène.*) Je ne me trompe pas... c'est lui qui traverse la grande avenue.... Je vous laisse... Adieu, monsieur Verner.

GUSTAVE*. Au revoir... (*A part.*) Heureux temps !... Que ne suis-je encore page !

* Gustave, premier Page.

---

* On entend par *droite* et *gauche* la droite et la gauche du Souffleur ; il en est de même pour les personnages, le premier nommé est à gauche du Souffleur.

PREMIER PAGE, *à part.* Ah! quand donc serai-je capitaine?

Le Page entre à droite, Ernest de Fridberg entre par le fond, venant de la gauche.

SCÈNE II.

GUSTAVE, ERNEST.

GUSTAVE, *allant à lui.* Ernest!

ERNEST, *le reconnaissant.* Gustave!

GUSTAVE, *le tenant embrassé.* C'est cela!... comme à l'université... comme dans les pages... toujours amis!...

ERNEST. Toujours frères!

GUSTAVE. Oh! que cela me fait de bien, de sentir ta main dans la mienne!... séparés pendant trois ans!...

ERNEST. Trois siècles...

GUSTAVE. Qui ont été utilement employés par toi... premier secrétaire de la chancellerie à vingt-quatre ans!... c'est superbe!... Encore une absence de quelques années, et je te retrouverai ministre. (*Riant.*) Alors, votre excellence daignera me protéger.

ERNEST, *de même.* Monsieur le capitaine se passe fort bien de protecteurs.

GUSTAVE. Oui, pourvu qu'on se batte. Un moment j'ai cru que nous allions tourner à la paix; mais il paraît qu'il se trame quelque chose, et qu'avant peu notre bien-aimé sire...

ERNEST, *souriant.* C'est possible.

GUSTAVE. Ah! tu sais donc la grande affaire?

ERNEST, *avec une gravité plaisante.* Je ne sais rien.

GUSTAVE. C'est juste... un diplomate! Pardon de mon indiscrétion. Mais ce que tu peux me dire, c'est ce que tu espères... ce que tu attends?

ERNEST. Eh! mon ami, nous rêvons tous le bonheur; celui-ci sous une forme, celui-là sous une autre... Pour toi le bonheur, c'est le tumulte des camps, le bruit du canon; puis à la fin de chaque campagne, un grade de plus... Pour moi, le comble de la félicité serait d'être...

GUSTAVE. Grand chancelier.

ERNEST. Mieux que cela!... être uni à celle que j'aime... voilà l'espoir et le but de ma vie.

GUSTAVE. Comment! tu étais amoureux à ce degré-là, et dans tes lettres tu ne m'en as jamais écrit un mot?...

ERNEST. Cet amour était un secret qu'il fallait cacher à tout le monde. Tu as connu le général baron de Rittersdorf?

GUSTAVE. Le gouverneur de la forteresse du Mont-des-Géants!... oui, le bourru le

moins bienfaisant de toute la Prusse... qui vient de mourir, heureusement pour ses ennemis et ses amis.

ERNEST. Gustave!.... c'est sa fille que j'aime.

GUSTAVE. La fille de M. de Rittersdorf?..

ERNEST. Un ange, mon ami... un ange de beauté, de douceur.

GUSTAVE. Belle et douce... je vois avec plaisir qu'elle ne ressemble pas du tout à son brutal de père.

ERNEST. Gustave... le général n'est plus.

GUSTAVE. Je puis d'autant mieux lui dire toutes ses vérités. Je crois me souvenir que ton père lui même, quoique ami d'enfance de M. Rittersdorf, s'était à la fin lassé de son insupportable caractère.

ERNEST. Il y a quelques années ils se brouillèrent en effet. Défense me fut faite de rentrer jamais dans la maison de M. de Rittersdorf, maison où j'avais été élevé avec Marie. Pour revoir celle que j'aimais depuis mes premières années, je bravai les ordres de mon père, la fureur de M. de Rittersdorf. Mon amour grandit avec les obstacles... d'enfantin qu'il avait été d'abord, il devint sérieux, profond, irrésistible. Le général s'absentait souvent... et la bonne Gertrude, la gouvernante de Marie, qui nous appelait l'un et l'autre ses enfants, la bonne Gertrude protégeait notre innocent amour... C'était toujours en sa présence que je voyais Marie... mais la pauvre femme tomba malade.

GUSTAVE. Je devine... tu vins plus souvent encore... et l'innocent amour, livré à lui-même... s'émancipa peut-être?...

ERNEST. Le général avait, à cette époque, écrit à sa fille qu'il projetait pour elle un mariage... Marie me montra la lettre de son père... elle pleurait... moi, désespéré, furieux, je demandais au ciel de rendre ce mariage impossible... que te dirai-je, ami?... un moment la raison nous abandonna tous deux... quand je revins à moi... Marie était perdue!... C'est à cette époque que le général fut appelé sur les frontières de la Bohême et de la Silésie, au commandement de la forteresse du Mont-des-Géants. J'étais moi-même enchaîné ici par mon service... Marie demeura donc seule à la campagne, seule avec Gertrude, à laquelle elle avait tout avoué. Elle m'écrivait souvent, et dans ses lettres jamais un reproche, jamais une plainte... Au dernier voyage que M. de Rittersdorf fit à Berlin, je revis Marie; je lui annonçai que j'étais résolu de tout révéler à son père... C'est alors que cette douce victime me supplia de me taire, d'attendre, par pitié, non plus seulement pour elle... mais pour notre enfant. J'appris alors tout ce que Marie avait souffert, tout ce qu'elle m'avait pardonné.

GUSTAVE. Tu avais raison : c'est un ange que cette jeune fille.

ERNEST. Je compris qu'elle espérait que mon zèle, mon travail, et plus encore mon amour, me mériteraient enfin une de ces positions élevées qui donnent droit à tout, et devant laquelle la haine de M. de Rittersdorf s'éteindrait... De ce moment, jour et nuit, je fus à l'œuvre... et voilà par quel miracle tu me trouves, à vingt-quatre ans, premier secrétaire de la chancellerie.

GUSTAVE. La mort de M. de Rittersdorf te rend la tâche plus facile... le deuil de mademoiselle Marie touche à son terme, et bientôt tu pourras avouer à ton tuteur...

ERNEST. Sais-tu quel est le tuteur de Marie?

GUSTAVE. Non... c'est...

ERNEST. Le roi !...

GUSTAVE. Je comprends qu'un tel aveu soit difficile à faire à un homme comme Frédéric.

ERNEST. J'ose tout espérer cependant; je puis te le dire, à toi. La mauvaise santé du moins tre m'a laissé, depuis deux mois, chargé de toutes les affaires de la chancellerie. Je crois savoir que le roi a été fort content de mon travail; hier il a lui-même envoyé un exprès au chancelier pour qu'il eût à me laisser revenir à Berlin, où ma présence était nécessaire.

GUSTAVE. Il veut te récompenser... et pour gratification tu lui demanderas, toi, la main de celle que tu aimes... As-tu vu mademoiselle Marie?... t'es-tu concerté avec elle?...

ERNEST. Marie est à son château; elle a obtenu de sa majesté la permission d'y passer tout le temps de son deuil; Rittersdorf est à trente lieues de Berlin, et, depuis six mois, mon service ne m'a pas laissé deux heures de liberté. J'espère trouver une lettre d'elle chez moi... il me reste, je le vois, assez de temps encore avant l'audience de sa majesté.

GUSTAVE. Va, mon ami... aussi bien... (*montrant des Officiers qui entrent*) tu me laisseras en nombreuse compagnie...

Ils se serrent la main. Pendant la fin de cette scène, le salon s'est rempli d'Officiers venant par le jardin. Ernest sort par le fond et tourne à gauche.

SCÈNE III.

GUSTAVE, GUILLAUME, OFFICIERS DE DIVERS RÉGIMENTS, *puis* LE COLONEL D'OSBORN.

Pendant cette scène, un Homme, portant l'uniforme de colonel, entre, et, s'appuyant sur la cheminée, se tient ainsi à l'écart, écoutant en silence ce qui se dit dans le salon.

GUILLAUME, *allant à Gustave*. Salut à Monsieur Gustave Verner.

GUSTAVE, *lui serrant la main*. Guillaume...

GUILLAUME. Messieurs, je vous présente un ancien camarade, arrivé hier de Poméranie. Eh bien, capitaine, quoi de nouveau là-bas?

GUSTAVE. Mais pas grand'chose; tout s'y est passé comme c'est l'ordinaire : l'armée suédoise faisait mine de nous montrer les dents; mais notre roi est arrivé, et, ma foi! quand l'ennemi a vu le vieux Fritz, il nous a tourné les talons. Le roi, n'ayant plus rien à faire là, est reparti; et comme il ramenait avec lui mon général, le comte Rhor, je me suis trouvé du voyage.

Ici le Colonel entre.

GUILLAUME. Le général Rhor a-t-il donc le désir ou l'espoir d'être appelé à recueillir l'héritage du favori du roi... du vieux baron de Rittersdorf?

DEUXIÈME OFFICIER. En effet, la place de gouverneur du Mont-des-Géants est encore vacante.

GUSTAVE. La citadelle du Mont-des-Géants est, vous le savez, messieurs, tout à fait transformée en prison d'état : c'est la Bastille prussienne; et, pour en accepter le commandement, il faut s'être fait à l'avance un cœur de geôlier.

GUILLAUME. Aussi, notre roi, qui se connaît en hommes, ne choisira pas un noble et brave officier comme M. de Rhor pour en faire un général porte-clefs.

GUSTAVE. Pour être gouverneur du Mont-des-Géants il faut avoir ce qu'avait M. de Rittersdorf, un cœur de bourreau sous l'uniforme de soldat.

GUILLAUME. Prenez garde! si le futur gouverneur vous entendait...

GUSTAVE. Désigne-t-on quelqu'un?

DEUXIÈME PAGE, *sortant de chez le roi*. Monsieur le colonel d'Osborn !

LE COLONEL. C'est moi.

Mouvement.

DEUXIÈME PAGE, *saluant*. Sa majesté vous attend, colonel.

Le Colonel passe au milieu des jeunes Officiers, qui instinctivement s'éloignent de lui, et entre chez le Roi, le Page le suit.

SCÈNE IV.

LES MÊMES, MOINS LE COLONEL.

GUILLAUME. M. d'Osborn était là... taciturne et silencieux comme toujours... nous ne l'avions pas aperçu...

GUSTAVE. Qu'est-ce que M. d'Osborn?

GUILLAUME. Un parent éloigné, un ami intime du baron de Rittersdorf; c'est à lui, disait-on hier, que le roi destine le commandement de la forteresse du Mont-des-Géants.

GUSTAVE. Je regrette ce que j'ai dit ; car M. d'Osborn peut ne pas ressembler au portrait que j'ai tracé tout à l'heure.

GUILLAUME. Ce portrait est au contraire frappant de ressemblance ; mais à l'avenir, soyez prudent. Donnez-moi votre bras, et parlons comme on parle à la cour... tout bas...

Le premier Page arrive par le fond, venant de droite; il précède et introduit Marie et Gertrude.

SCENE V.

LES MÊMES, MARIE, GERTRUDE, *introduites par* LE PREMIER PAGE.

PREMIER PAGE, *à Marie.* Veuillez attendre ici, mademoiselle, je vais prévenir le roi de votre arrivée.

A l'aspect de Marie, tous les Officiers se sont arrêtés et la regardent.

MARIE, *intimidée.* Que de monde !

GERTRUDE, *indiquant le canapé.* Plaçons-nous là, mon enfant, nous éviterons ainsi tous ces regards curieux qui vous embarrassent.

Les deux Dames s'asseyent. Le Page après les avoir quittées se dirige vers les appartements du Roi.

GUSTAVE. La charmante personne!... (*Il arrête le Page, et lui dit à demi-voix.*) Monsieur de Straunitz!... connaissez-vous la jolie solliciteuse que vous venez d'introduire ?

PREMIER PAGE. Certainement... c'est mademoiselle de Rittersdorf.

GUSTAVE, *vivement.* La fille du vieux général ?

PREMIER PAGE. Elle-même..

GUSTAVE, *à part.* Heureux Ernest ! (*Au Page.*) Que vient-elle faire ici ?

PREMIER PAGE. Le roi l'a fait demander... (*Plus bas.*) En sa qualité de tuteur, il veut la marier.

GUSTAVE. Vous croyez ?

PREMIER PAGE. J'en suis sûr. Sa majesté vient de donner l'ordre d'ouvrir et de préparer la chapelle du château.

Il entre chez le Roi.

GUSTAVE, *à part.* Plus de doute !... le futur est Ernest de Fridberg... Mandés tous deux par un ordre exprès du roi... un mariage improvisé... tout cela est parfaitement dans les habitudes de Frédéric.

Il s'approche lentement des deux Dames, que par discrétion les autres personnages ne regardent plus.

GERTRUDE. Qu'avez-vous, Marie?... Pourquoi cette émotion?...

MARIE. Je ne sais.... mais de tristes pressentiments m'agitent... pourquoi ce désir du roi de me voir quitter dès à présent mon deuil?... Pourquoi cet ordre de me présenter aujourd'hui même à son audience?..... que peut me vouloir le roi?...

GUSTAVE, *à demi-voix.* Je crois pouvoir l'apprendre à mademoiselle Marie de Rittersdorf.

MARIE, *se retournant avec effroi.* Monsieur...

GUSTAVE. Un mot va vous rassurer, mademoiselle..... je suis l'ami d'enfance d'Ernest de Fridberg.

MARIE. Ernest !...

GUSTAVE, *plus bas.* Je sais... que vous l'aimez... il est digne de cet amour... de cet amour qui est toute sa vie... à cette même place, tout à l'heure, il me parlait de vous.

MARIE. Il est ici!...

GUSTAVE. Oui... mandé comme vous par le roi... et, je l'espère, pour le même motif...

MARIE. Comment ?

GUSTAVE. Vous ne devinez pas ?

GERTRUDE. Expliquez-vous, monsieur.

GUSTAVE. Le roi s'intéresse à l'avenir d'Ernest, il veut assurer celui de sa pupille, et sa majesté, expéditive, comme toujours, a trouvé le moyen de faire deux bonheurs à la fois.

MARIE. Qu'entends-je ?

GERTRUDE. Que dites-vous ?

GUSTAVE. Je dis que tout se prépare dans la chapelle royale pour la célébration d'un mariage qui aura lieu avant une heure peut-être. (*Souriant.*) A moins que mademoiselle ne refuse obstinément.

On bat aux champs. La galerie se remplit de Soldats, qui présentent les armes ; le colonel d'Osborn, les Officiers, les Pages, précèdent le Roi, qui sort de ses appartements suivi d'un brillant état-major.

DEUXIÈME PAGE, *annonçant.* Le roi !

Gustave s'éloigne de Marie et va se joindre au groupe d'Officiers.

SCÈNE VI.

LES MÊMES, LE ROI, D'OSBORN, OFFICIERS, PAGES [*].

Le Roi entre vivement aux cris de Vive le Roi !

LE ROI. Messieurs, nos fatigues vont recommencer. Six ans passés d'une guerre pleine de désastres et de gloire nous donnaient des droits au repos. Le destin et la trahison en décident autrement.

TOUS. La trahison !

LE ROI. La trahison étrangère; secondée

[*] Gertrude, Marie, Gustave, le Roi, de Mittau, d'Osborn, toute la suite faisant cercle, les Gardes au fond.

peut-être par quelque indigne enfant de la Prusse. L'avenir vous en apprendra davantage ; qu'il vous suffise de savoir qu'aujourd'hui l'Europe nous menace de nouveau d'une coalition générale. Eh bien, messieurs, nous nous souviendrons des glorieuses journées de Prague et de Rosbach. Seuls nous avons fait face à tous nos ennemis, seuls nous saurons encore leur résister. J'arrive de Stettin, notre armée de Poméranie est pleine d'ardeur et de patriotisme. Aujourd'hui je pars pour la Silésie, avant trois jours je serai devant Schweidnitz ; c'est dans ses murs seulement que je dicterai la paix qu'on nous refuse aujourd'hui, la paix qui me permettra de travailler de nouveau au bonheur de mon peuple, après avoir combattu pour sa gloire et son indépendance.

TOUS. Vive le roi !

LE ROI. Monsieur de Hertzberg, vous publierez aujourd'hui même l'état des grades et décorations accordés à ceux qui se sont distingués dans la dernière campagne. Tous les services seront récompensés, comme toutes les fautes seront punies. (*A un autre, allant à la table et écrivant debout.*) Monsieur de Miltau, rendez-vous sur-le-champ chez le chef de la police, il vous remettra sur cet ordre (*il le lui remet*) les papiers saisis sur le déserteur Ulrich Burl... (*A d'Osborn.*) Je veux, avant mon départ, régler moi-même cette affaire. (*Monsieur de Miltau sort. S'adressant à tous.*) Monsieur de Fridberg a-t-il paru au palais ?

Moment de silence.

GUSTAVE, *s'avançant.* Il était ici, il n'y a qu'un moment, attendant le bon plaisir du roi.

LE ROI, *apercevant Marie, qui est à sa droite.* Ah ! mademoiselle de Rittersdorf..... (*Marie avance timidement.*) Il y a bien longtemps que vous n'avez paru à la cour.

MARIE. Sire... la mort de mon père...

LE ROI. Vous a fait prolonger votre séjour à Rittersdorf... c'était convenable... Si, par mon ordre, vous avez quitté votre deuil avant le temps, vous allez rendre un plus profond hommage à la mémoire de votre père en obéissant à l'une de ses dernières volontés. Par son testament, il m'a supplié de vous choisir un époux..... et aujourd'hui même vous serez unie à un gentilhomme qui m'a demandé votre main.

GERTRUDE, *bas, à Marie.* Vous entendez, ce jeune officier nous avait dit vrai...

MARIE. Je ne vois pas Ernest.

LE ROI. J'ai compté sur votre consentement.

MARIE. J'obéirai, sire.

LE ROI. C'est bien. Monsieur d'Osborn, approchez..... Mademoiselle de Rittersdorf, voici votre mari. En outre, et selon le désir de votre père mourant, j'ai nommé le colonel d'Osborn général et gouverneur de la forteresse du Mont-des-Géants.

MARIE, *à part.* O mon Dieu !

GERTRUDE, *à part.* Pauvre enfant !

D'OSBORN, *s'avançant.* Puis-je espérer, mademoiselle...

LE ROI. Vous lui ferez votre cour quand vous serez son mari. Aussitôt après la cérémonie, vous partez avec madame d'Osborn pour votre gouvernement ; jusque-là j'ai besoin de vous, vous le savez, suivez-moi.... vous aussi, messieurs.

Le Roi et toute sa suite sortent par le fond, à droite ; les Gardes rentrent à gauche.

SCÈNE VII.

MARIE, GERTRUDE.

MARIE, *tombant assise.* Je suis perdue !

GERTRUDE. Marie..... mon enfant..... ne vous abandonnez pas ainsi au désespoir.... ce mariage ne se fera pas... il est impossible qu'il se fasse...

MARIE. N'as-tu pas entendu le roi ? ne connais-tu pas l'inflexibilité de son caractère ? ne sais-tu pas qu'il ne souffre jamais de résistance ?...

GERTRUDE. Il fallait lui dire la vérité.... il fallait...

MARIE. Avouer ma honte devant tout ce monde.... accuser Ernest...

GERTRUDE. Monsieur de Fridberg lui-même n'aurait pas hésité à braver la colère de Frédéric... j'y songe, il doit être au palais, ce jeune officier l'a vu, lui a parlé ici tout à l'heure.

MARIE. Oui, tu as raison, ma bonne Gertrude, à tout prix il faut voir Ernest.... Mais où est-il ? à qui le demander ?

SCÈNE VIII.

LES MÊMES, ERNEST.

ERNEST*. On ne m'avait pas trompé. Marie, c'est toi ; et vous aussi, ma chère Gertrude ; c'est le ciel même qui vous envoie à Berlin au moment où la faveur du roi va m'élever sans doute jusqu'à ma bien-aimée. Mais qu'as-tu donc, Marie ? tu souffres, tu pleures ?

GERTRUDE. Oh ! monsieur de Fridberg, si vous saviez...

* Gertrude, Ernest, Marie.

ERNEST. Quel nouveau coup nous menace encore? Oh! parlez, parlez!

MARIE. Ernest, je n'ai plus de courage, plus de force... le roi... qui est aujourd'hui le maître et l'arbitre de mon sort..... le roi m'a fait appeler. J'espérais..... pauvre folle, qu'il avait deviné notre amour... qu'il voulait notre bonheur..... le roi m'a annoncé qu'obéissant au dernier vœu de mon père, il avait disposé de ma main.... et lorsque déjà mes yeux et mon cœur vous cherchaient, il m'a mise en face d'un autre et m'a dit : Voilà votre mari.

ERNEST. Grand Dieu!

MARIE. Je suis restée tremblante et muette d'effroi... et pourtant c'est aujourd'hui, tout à l'heure que ce mariage doit être célébré... C'est pour ce mariage qu'on pare la chapelle... Oh! sauve-moi, Ernest, sauve-moi! tu sais que je ne puis pas être à un autre, tu sais qu'il faut que je sois ta femme ou que je meure.

ERNEST. Oh! rassure-toi.... la toute-puissance de Frédéric cédera devant notre amour. Je lui dirai que tu m'appartiens, que ton père lui-même n'aurait pu te jeter aux bras d'un autre. Je trouverai des accents pour le toucher; je le supplierai au nom de notre Stella, de notre enfant, lien sacré, que nul pouvoir humain ne peut briser. Je n'attendrai pas que le roi me fasse appeler..... je cours me jeter à ses genoux, il m'entendra, il aura pitié de nous, Marie.

SCÈNE IX.

LES MÊMES, GUSTAVE, *venant du fond à droite.*

GUSTAVE, *arrétant Ernest.* Où vas-tu?

ERNEST. Trouver le roi... lui dire...

GUSTAVE. Le roi! Ne sais-tu pas déjà qu'il vient de donner l'ordre de t'arrêter, que tu es accusé de haute trahison?

ERNEST. Que dis-tu?

MARIE. Lui, Ernest?

GUSTAVE. Tout à l'heure, le roi était dans la grande galerie, je le suivais, ainsi que tous les officiers du palais, lorsque monsieur de Mittau s'approche de sa majesté, remet entre ses mains un papier que Frédéric froisse aussitôt avec fureur. « Plus de doute, s'écrie-t-il devant tous, c'est lui, c'est Fridberg qui m'a trahi... qu'on s'empare de ce misérable... » Tandis qu'on allait te chercher à la chancelerie, moi, qui te savais dans ce salon, je suis accouru pour te prévenir.

ERNEST. Accusé... de trahison... moi!

Les Gardes garnissent l'extérieur.

GUSTAVE, *au fond.* Le roi sort de la grande galerie, tu n'as plus qu'un moment. Viens! évite sa colère.

MARIE *et* GERTRUDE. Partez!

ERNEST. Non, Marie, non, je ne fuirai pas devant une lâche calomnie.

SCÈNE X.

LES MÊMES, LE ROI, *suivi* d'OFFICIERS, GUILLAUME, GUSTAVE, PAGES, OFFICIERS *.

LE ROI, *entrant le premier et s'arrêtant à la vue d'Ernest.* Le voilà!

GUILLAUME. Qu'ordonne votre majesté?

LE ROI. Faites retirer ces dames.... et attendez.

Marie et Gertrude sur un geste de Guillaume remontent la scène; de son côté Ernest suit ce mouvement; il se rencontre avec Marie.

ERNEST, *bas, à Marie et à Gertrude.* Ne craignez rien pour moi.

GERTRUDE. Obéissons, mon enfant.

Sur une seconde invitation de Guillaume, Marie, Gertrude et Gustave entrent dans les appartements à droite. Les Officiers de la suite du Roi se retirent au fond. Le Roi s'assied près de la table. Ernest est resté debout, à la droite du Roi.

SCÈNE XI.

ERNEST, LE ROI, *assis, tous les Officiers et les Pages au fond, les Gardes à l'extérieur.*

ERNEST. Sire! appelé à Berlin par votre majesté, j'attendais la faveur d'être admis devant elle... quand, tout à l'heure, un ami m'est venu dire : On te soupçonne... on t'accuse... mais il n'a pu m'apprendre de quelle forfaiture on me supposait coupable.

LE ROI. Je vous l'apprendrai, moi... Connaissez-vous cette lettre?

Il la lui présente.

ERNEST. Je la reconnais, sire; c'est une lettre écrite de Saint-Pétersbourg à monsieur le grand chancelier par l'ambassadeur de votre majesté près la cour de Russie.

LE ROI. Vous l'avez lue?

ERNEST. Monsieur le grand chancelier étant malade, le premier j'ai dû ouvrir cette lettre et en prendre connaissance.

LE ROI. Lisez-la de nouveau, à haute voix.

ERNEST, *lisant.* « Monsieur le grand chan- » celier, une conspiration a été ourdie dans » l'ombre contre le czar Pierre III. Elle n'é- » clate que dans huit jours, mais je ne pour-

<hr>

* Ernest, Gustave, le Roi, Guillaume, Marie, Gertrude.

» rai rien pour la prévenir. Je vous donne
» avis que le premier acte d'autorité de l'im-
» pératrice Catherine II sera de rappeler le
» corps auxiliaire russe qui, sous les ordres
» du général Czernicheff, seconde notre ar-
» mée devant Schweidnitz. Prévenez le roi,
» pour que la place soit poussée et prise
» avant la défection des Russes. Si l'Autriche
» était seulement avertie du secours inespéré
» qui va lui arriver, le maréchal Daunn réus-
» sirait certainement à faire lever le siége, et
» la prise de Schweidnitz c'est le succès de
» la campagne. »

LE ROI. Vous aviez compris, monsieur,
l'importance de cette lettre ?

ERNEST. Et j'en ai fait immédiatement
adresser copie à votre majesté.

LE ROI. Et l'original, que vous tenez en
vos mains, qu'en aviez-vous fait ?

ERNEST. Il a été déposé par moi-même
dans les archives du royaume confiées à ma
garde... et je ne puis comprendre encore...

LE ROI. Vous mentez !...

ERNEST. Sire...

LE ROI, *se levant vivement.* Vous mentez,
monsieur. Vous connaissez le lieutenant
Mulgrave ?

ERNEST. C'est mon ami, mon camarade
d'enfance.

LE ROI. Et votre complice.

ERNEST. Mon complice !

LE ROI. C'est à lui que vous avez remis
cette dépêche, que l'impératrice Marie-Thérèse devait sans doute vous payer bien cher.

ERNEST. Oh ! sire !

LE ROI. On a saisi cette lettre sur le soldat
qui avait été chargé de cette abominable
mission... Oserez-vous nier encore ?

ERNEST. Sire ! je suis le jouet d'une infâme machination... mais par la mémoire de
mon père mort à votre service... par tout ce
que j'ai de plus cher au monde.... je vous
jure que je suis innocent.

LE ROI. C'est à présent devant vos juges
que vous aurez à vous disculper... Les clefs
de votre bureau, monsieur, vous les avez sur
vous ?

ERNEST. Les voici.

LE ROI, *appelant.* Monsieur de Mittau,
(*monsieur de Mittau approche*) prenez ces
clefs, et en présence de monsieur de Fridberg, examinez tous les papiers que vous
trouverez chez lui, emparez-vous de toute
correspondance particulière, quelque étrangère qu'elle vous semble devoir être au procès; vous remettrez ces papiers à monsieur
le général d'Osborn, que j'ai chargé de l'in-
struction de cette affaire.

Il traverse la scène avec agitation*.

ERNEST *. Sire! sur mon âme et sur Dieu,

* Le Roi, Ernest.

je n'ai pas déshonoré le nom que je porte :
sur mon âme et sur Dieu, je n'ai démérité
ni de mon roi ni de mon pays. Je disputerai
à mes juges non pas ma vie, mais mon honneur, noble héritage que m'avait transmis
mon père, proclamé par vous le plus honnête
homme de votre royaume; le coup ter-
rible qui me frappe à présent n'est pas le
seul qui m'ait été porté ; il en est un autre
que votre majesté détournera de mon cœur...
sire...

M. de Mittau a détaché quatre Gardes de la haie formée
extérieurement. Ils sont près à marcher.

LE ROI. Monsieur de Mittau vous attend,
monsieur, et nous n'avons plus rien à nous
dire.

ERNEST. Vous ne refuserez pas de m'en-
m'entendre.

LE ROI. A votre retour peut-être. (*A M. de
Mittau.*) Allez, monsieur.

ERNEST. Oh ! Marie ! Marie !

Il sort entre les quatre Gardes et avec M. de Mittau, par
le fond, à gauche. M. d'Osborn entre quelques secondes
après, par la droite.

SCÈNE XII.

LE ROI, *puis* D'OSBORN, OFFICIERS.

LE ROI. Le fils de mon vieux Fridberg...
déloyal et traître... cette preuve est sans ré-
plique.... il n'a su que répondre. (*A d'Osborn.*) Eh bien, ce soldat...

D'OSBORN, *des papiers à la main.* Va
m'être amené, sire.

LE ROI. J'ai ordonné qu'on vous apporte
tous les papiers qui seront trouvés chez monsieur de Fridberg..... J'attendrai votre rapport pour agir contre ce jeune homme, que
j'aimais et que je voudrais pouvoir estimer
encore. Vous examinerez toute cette affaire
avant l'heure fixée pour la célébration de
votre mariage.

Il rentre dans les appartements à gauche, suivi de ses
Officiers et précédé de ses Pages.

SCÈNE XIII.

D'OSBORN, *puis* ULRICH.

D'OSBORN. Mon mariage! dernière ancre
de salut! port inespéré qui s'offre à moi
quand l'orage grondait menaçant et terri-
ble... encore une heure d'attente. Ah ! que
cette aiguille marche avec lenteur !

Quatre Soldats amènent Ulrich, de la droite.

DEUXIÈME OFFICIER, *qui commande le détachement.* Général, voici le déserteur Ulrich
Burl.

ULRICH, *au milieu des soldats.* Qui dit

déserteur dit fusillé ! Eh bien, j'aime mieux qu'on dise de moi le fusillé Burl que Burl le soldat.... ça vous étonne, vous autres.... mais je m'ennuyais infiniment dans votre compagnie.

Sur un signe d'Osborn, l'Officier et les Soldats se retirent au fond.

D'OSBORN. Ulrich Burl.

ULRICH, *saluant.* Présent, mon général.

D'OSBORN. Approche et réponds.

Il s'assied sur le canapé.

ULRICH, *avançant.* Me voilà et j'attends, mon général.

D'OSBORN. Tu as déserté.

ULRICH. Oui, mon général.

D'OSBORN. Pourquoi ?

ULRICH. Par goût, mon général.

D'OSBORN. Tu voudrais en vain me tromper. Tu étais le complice du lieutenant Mulgrave et du baron de Fridberg. C'est à l'instigation de l'un ou de l'autre que tu as quitté ton drapeau..... peut-être de tous deux.

ULRICH. Faites excuse, mon général, celui qui est cause de tout, ça n'est ni mon lieutenant, que je respecte, ni monsieur de Fridberg, que je n'ai jamais connu; c'est un grand escogriffe nommé Clakmann, c'est celui-là qui m'a instigué.

D'OSBORN. Ce Clakmann serait-il aussi du complot?

ULRICH. C'est lui qui a tout fait à lui tout seul.

D'OSBORN, *feuilletant les papiers qu'il tient.* Ce nom ne figure pourtant sur aucun de ces procès-verbaux. Où et comment as-tu connu cet homme?

ULRICH. Où? au cabaret. Comment? en buvant du vin du Rhin. Oh! le gueux de vin! imaginez-vous, mon général, de la pure eau-de-vie, c'était comme qui dirait une flamme qui vous grillait le gosier..... et qui vous retournait la cervelle aussi. A la deuxième bouteille je n'y voyais plus qu'un peu, j'entendais encore moins et je ne comprenais plus du tout; alors mon escogriffe fait apporter du papier, je crois que c'est pour faire le menu, car il ne m'avait encore rien donné à manger, le Judas! il griffonne quatre mots et me dit de signer, je fais une croix, qui est tout ce que je sais de l'écriture, et puis je tombe le nez dessus la table. Quand je m'éveillai, j'étais dessous.

D'OSBORN. Cet homme était donc?...

ULRICH. Un raccoleur, mon général. Il m'annonce, en riant, que j'étais soldat du roi; je ne voulais pas le croire; pour me faire entrer la chose dans la tête on me donne la shlague tout de suite..... il n'y avait plus à en douter, j'étais soldat. De désespoir, j'en devins comme enragé, je sautai sur mon raccoleur.... je l'étranglais, mon général.... malheureusement on me dérangea. Je n'étais que depuis un mois au régiment, que je n'avais plus que deux idées fixes, déserter d'abord, puis finir d'étrangler Clakmann. Par un temps de brouillard je sors du cantonnement; je n'étais pas à dix portées de fusil des lignes, qu'un gendarme m'arrête. Pour courir plus vite j'avais jeté mes armes, pas moyen de résister. Arrivé au corps, je regarde celui qui m'avait remis dans la nasse, c'était mon Clakmann, de raccoleur il s'était fait gendarme. Cette fois-là, comme j'avais les mains liées, je ne pus que le mordre; mais je l'aurais dévoré, si on ne m'avait encore dérangé. Vous voyez, mon général, que ce Clakmann était ma perdition en culotte de peau.

D'OSBORN. Abrége !

ULRICH. Il y a trois jours, le lieutenant Mulgrave, qui connaissait mon opinion sur l'état militaire, car je ne la cachais pas, me fit venir et me dit : Je puis te donner un congé pour aller à Lubben, ville frontière; arrivé là, tu n'auras plus que quelques pas à faire pour sortir de Prusse; je ne ferai tort au roi que d'un mauvais soldat, et en reconnaissance de la liberté que je te donnerai, tu n'hésiteras pas, toi, à me rendre un service. Il n'y avait pas moyen de refuser; j'allais enfin avoir le bonheur de déserter tranquillement, les mains dans les poches.

D'OSBORN. Et quel service te demanda le lieutenant?

ULRICH. Il me remit un papier cacheté. Arrivé à Lubben, il fallait le soir même aller de l'autre côté de la frontière, et à un endroit qui m'avait été désigné, je devais trouver un homme qui m'aurait dit : « Marie-Thérèse et Mulgrave. » A cet homme j'aurais donné le papier cacheté, et là-dessus j'avais cinquante florins pour le port et toute l'Autriche pour me promener.

D'OSBORN. Nous y voilà.

ULRICH. Je n'étais pas au rendez-vous depuis cinq minutes, qu'un poignet que je crois reconnaître me saisit et m'enlève.... Je regarde... et je reconnais mon Clakmann qui de gendarme s'était fait douanier. Cette fois je résolus d'en finir avec lui. Une petite rivière était à deux pas, j'y roule avec mon Clakmann ; je le tenais la tête dans l'eau, il buvait comme une éponge, lorsque ses camarades arrivèrent. Je fus arrêté, fouillé, garroté et ramené, toujours par mon Clakmann. Si je dois être pendu, je suis sûr que c'est lui qui tiendra la corde.

D'OSBORN. Quand monsieur Mulgrave te remit ce papier, savais-tu ce qu'il contenait?

ULRICH. Non, mon général.

D'OSBORN. N'as-tu pas cherché à le savoir ?

ULRICH. Tout ce qui est écrit est sacré pour moi... je ne sais pas lire.

D'OSBORN. Avec Mulgrave n'as-tu jamais vu monsieur de Fridberg ?

ULRICH. Je ne connais pas monsieur de Fridberg !

D'OSBORN. Monsieur Mulgrave n'a-t-il jamais prononcé ce nom devant toi.

ULRICH. Jamais. Mon lieutenant ne m'a parlé que d'une personne, d'un ami qu'il ne m'a pas nommé, mais dans l'intérêt duquel il m'a chargé d'une dernière commission. Voilà la chose : quand on nous eut confrontés et enfermés ensemble, il me dit : « Mon pauvre Ulrich, dans ma déposition j'ai fait de mon mieux pour toi; quant à moi, je sais un moyen d'éviter le sort qui m'attend; mais avant tout je dois, je veux justifier un ancien camarade dont j'ai indignement trahi la confiance, et dont la tête innocente pourrait bien payer ma faute. Je vais te donner une lettre qui contiendra le récit exact des faits, et qui mettra mon ami à l'abri de tout danger ; tu seras interrogé ce matin sans doute, et tu remettras ma lettre à l'officier devant lequel tu seras amené. » Là-dessus il se mit à écrire ; comme la lettre était longue, je m'endormis. Je rêvais que je brûlais Clakmann à petit feu dans un four, quand un grand bruit m'éveilla : le lieutenant avait fini sa lettre et venait de se faire sauter la cervelle.

D'OSBORN. Cette lettre?

ULRICH. La voilà, mon général.

D'OSBORN. Tu n'as pas autre chose à dire ?

ULRICH. Rien autre, mon général, sinon que si la fusillade doit s'ensuivre, j'attendrai là-haut mon Clakmann pour lui faire rendre la pareille, si toutefois dans l'autre monde on connaît la charge en douze temps.

Sur un signe de d'Osborn, le deuxième Officier et les quatre Gardes emmènent Burl.

SCÈNE XIV.

D'OSBORN, *seul.*

Cette lettre va me donner la clef de tout ce mystère, et justifier, sans doute, le jeune Ernest. (*Lisant.*) Oui, c'est cela. Mulgrave avait dérobé la dépêche, à l'insu du secrétaire de la chancellerie, le jour même où celui-ci venait d'en adresser copie au roi. Mulgrave, en échange de cette trahison, devait recevoir un grade et un titre à la cour de Vienne. A l'appui de cette déclaration, il invoque le témoignage du général bavarois Wolf de Rœderer. Monsieur de Fridberg est

innocent. Aucune autre charge ne s'élevant contre ce jeune homme, cette lettre suffira pour amener un complet acquittement, qui, je l'avais compris, était dans le désir du roi.

SCÈNE XV.

D'ORBORN, M. DE MITTAU.

MITTAU, *entrant par le fond et venant de gauche.* Général, je n'ai rien trouvé chez monsieur de Fridberg qui se rattachât à l'affaire que vous devez examiner. Dans un tiroir secret que monsieur Ernest refusait d'abord d'ouvrir était un paquet de lettres particulières; le prévenu m'avait supplié de ne pas m'emparer de ces lettres, tout à fait étrangères, disait-il, à la politique. Je lui ai répondu que les ordres du roi étaient précis.

Il remet les lettres et entre chez le Roi.

SCÈNE XVI.

D'OSBORN, *s'asseyant à la table.*

Avant de rédiger le rapport qu'attend sa majesté, examinons cette correspondance que monsieur de Fridberg n'a livrée qu'avec tant de peine... correspondance amoureuse sans doute... c'est cela... C'est cela... un portrait de femme... Que vois-je !... je ne me trompe pas... ces traits sont bien ceux de mademoiselle de Rittersdorf! (*Lisant.*) « Ces » lettres prouvent que Marie de Rittersdorf ne » peut plus appartenir qu'à celui qui fut son » amant... » Son amant !... (*Il se lève.*) Oh ! le roi ignorait tout... il ne m'aurait pas jeté à la face cette sanglante injure... Ce mariage serait une honte... Courons... Que vais-je faire? Ce mariage n'est-il pas ma dernière ressource ?... S'il est publiquement rompu... mes créanciers, qui attendent la dot de ma fiancée, ces hommes impitoyables, désespérés de voir cette proie leur échapper, exécuteront la menace qu'ils m'ont faite. Par eux le roi saura que le jeu, la débauche ont dévoré l'héritage de mon père. Il saura que, dans un moment de délire, j'ai vendu mon honneur pour un peu d'or... Ces billets maudits, qu'au prix de mon sang je voudrais racheter aujourd'hui, ces billets seront mis sous les yeux de Frédéric, et alors ! Oh ! mieux vaut encore cette lâcheté !... Ce portrait, je ne l'ai pas vu !... cette correspondance, elle n'existe pas... (*il prend les lettres et les brûle au feu de la cheminée*) elle n'a jamais existé pour moi !... A mes yeux, mademoiselle de Rittersdorf est innocente et pure... et j'en-

ferme en mon âme toute la honte de ce mariage!... Mais que dis-je?... ce mariage...
le roi lui-même va le rompre... A monsieur
de Fridberg innocent il ne pourra refuser la
main de celle qu'il aime... et dans ce rapport je vais déclarer moi-même... Si pourtant
cette lettre du lieutenant Mulgrave ne m'était
pas parvenue, tout accuserait monsieur de
Fridberg. (*Après un long silence.*) Allons! il
le faut!... (*Il s'assied et écrit.*) « Sire, après
» avoir examiné tous les papiers saisis chez
» monsieur de Fridberg, nous n'y avons rien
» trouvé, il est vrai, qui vienne ajouter à la
» preuve accablante qui le condamne; mais
» nous n'avons rien découvert non plus qui
» doive en atténuer l'effet. »

Il continue d'écrire, pendant que Marie entre, amenée par
Gertrude; elles sortent des appartements de droite.

SCÈNE XVII.

D'OSBORN *écrivant*, MARIE *et* GER-
TRUDE.

GERTRUDE, *bas.* Voilà monsieur d'Osborn... il est officier, il doit être homme
d'honneur...

MARIE. O mon Dieu! aurai-je assez de
force?

GERTRUDE. Dieu vous en donnera, mon
enfant!... Je suis là!... songez qu'il ne vous
reste que quelques minutes.
Elle rentre.

MARIE. Allons, je n'ai plus d'espoir qu'en
la loyauté de cet homme.

D'OSBORN, *apercevant Marie.* Mademoiselle de Rittersdorf!

MARIE, *se soutenant à peine.* Oui, monsieur... je venais... je voulais...
Elle chancelle.

D'OSBORN, *allant à elle.* Vous pâlissez,
mademoiselle!...

MARIE. Je me sens mourir!
Elle tombe dans un fauteuil.

D'OSBORN, *courant à une sonnette.* Je vais
appeler du secours!

MARIE, *se levant avec effort.* Par pitié,
monsieur, n'appelez pas... il faut que je vous
parle... à vous... seul.

D'OSBORN. Je suis prêt à vous entendre...
mais remettez-vous d'abord.

Il veut la ramener au fauteuil, mais Marie se laisse
glisser à genoux.

MARIE. Non... c'est à genoux que je vous
parlerai.

D'OSBORN. A genoux! devant l'homme qui
dans quelques minutes sera votre époux!

MARIE. Mon époux!!... oh! vous n'avez
donc pas vu la rougeur qui couvre mon front?
vous n'avez donc pas compris qu'entre vous

et moi, monsieur, il y a une barrière insur-
montable... il y a une faute?

D'OSBORN. Que dites-vous?

MARIE. Cet aveu... je l'aurais dû faire au
roi; mais ce matin, et devant tout ce monde,
le courage m'a manqué!... Si Dieu m'avait
donné un frère, ce frère m'aurait prise en
pitié, il aurait été demander à Frédéric grâce
pour sa sœur coupable, grâce aussi pour
l'homme qu'elle ne peut accuser; car elle
l'aime... Ce frère aurait été pour moi un bon
ange, un sauveur. (*Retombant à genoux.*)
Oh! soyez ce frère, monsieur, sauvez-moi!

D'OSBORN. Relevez-vous, mademoiselle;
retenez, s'il se peut, vos larmes, et prêtez-
moi, je vous prie, toute votre attention...
(*A mi-voix.*) L'incomplet aveu que vous
venez de me faire était inutile, je savais tout.

MARIE. Vous saviez...

D'OSBORN. Les droits qu'a sur vous monsieur de Fridberg...

MARIE. Vous saviez cela, monsieur, et
vous consentiez...

D'OSBORN. Je consentais à un déshonneur
caché pour me soustraire à une honte publique... Je consentais, parce que si je ne
suis pas votre époux aujourd'hui... je suis
perdu demain. Rang, crédit, considération,
tout m'est enlevé.

MARIE. Mais, monsieur...

D'OSBORN. Oh! d'avance je me suis dit ce
que vous voulez me faire comprendre... mais
(*plus bas encore*) qu'est-ce après tout que ce
mariage? un heureux hasard qui met notre
mutuel honneur à l'abri... Ce mariage n'est
véritablement pour nous qu'une formalité...
Nous sommes et nous resterons étrangers l'un
à l'autre... Le passé nous sépare à jamais dans
l'avenir. Un frère vous aurait sauvée, disiez-
vous tout à l'heure; eh bien, avec le titre d'é-
poux, c'est un frère que vous trouverez en moi.

MARIE. Vous oubliez, monsieur, qu'il est
un homme auquel j'ai juré d'appartenir, un
homme auquel je suis unie devant Dieu.

D'OSBORN. Cet homme est accusé, coupable... condamné d'avance.

MARIE. C'est impossible.

D'OSBORN. Cet homme enfin mourra, si je
le veux... et je le voudrai, si vous résistez
aux ordres du roi.

MARIE. Oh!... vous n'avez pas dit qu'Ernest
mourrait?

D'OSBORN. J'ai dit cela... et j'ajoute que
vous seule vous pouvez encore le sauver.

MARIE. Moi!

D'OSBORN. Vous savez de quel crime on
l'accuse?... Lisez cette lettre du lieutenant
Mulgrave.

MARIE, *qui a lu.* Je disais bien qu'il était
innocent mon Ernest: en voilà la preuve.

D'OSBORN, *reprenant la lettre.* Mais cette

preuve est la seule qu'il puisse invoquer, cette preuve est entre mes mains... et... (*il s'approche de la cheminée*) il me suffit d'un geste et d'une seconde pour que cette preuve disparaisse.

MARIE. Vous savez Ernest innocent, et vous le laisseriez condamner?

D'OSBORN. Consentez, et j'envoie cette lettre au roi; refusez... je la livre aux flammes... et c'est vous, vous, qui aurez perdu monsieur de Fridberg.

MARIE. Mais ce que vous me proposez est horrible, infâme!

D'OSBORN. Voulez-vous qu'Ernest de Fridberg vive?... voulez-vous qu'il meure?

MARIE, *vivement.* Oh! sauvez-le, monsieur, sauvez-le... Mais cette preuve...

D'OSBORN, *lui donnant la lettre.* La voici, comtesse d'Osborn... vous allez... vous-même la porter au roi.

MARIE, *un moment interdite et regardant le papier avec une sorte d'effroi.* Moi-même?... au roi?

D'OSBORN, *à part.* Elle hésite!... j'en étais sûr!...

MARIE. Mais j'y songe, mon Dieu! aller moi-même implorer la grâce d'Ernest!... Si le roi devinait...

D'OSBORN, *jouant la terreur.* Ah! vous avez raison, madame!... pour votre honneur, pour le mien... nul ne doit soupçonner ce secret.

Il reprend la lettre, la cache furtivement dans sa ceinture, puis il s'approche de la table et y prend un pli sous lequel il renferme son rapport. M. de Mittau sort de chez le Roi.

DE MITTAU, *au Colonel.* On n'attend plus que les futurs époux. C'est à moi que sa majesté a réservé l'honneur de conduire la fiancée à l'autel.

D'OSBORN, *s'approchant, le pli à la main.* Monsieur de Mittau, dans quelques instants j'aurai reçu les serments de mademoiselle de Rittersdorf, et vous irez l'annoncer au roi. Veuillez en même temps remettre à sa majesté cette pièce importante; elle décide du sort de monsieur de Fridberg.

DE MITTAU, *prenant la lettre.* Elle sera sous les yeux du roi aussitôt la cérémonie et avant le départ de sa majesté... Mademoiselle...

Il indique à Marie que des Officiers, des Dames et des Pages viennent d'entrer, puis il remonte un instant vers eux.

GERTRUDE, *qui est sortie de l'appartement et s'est approchée de Marie.* Eh bien?

MARIE, *avec égarement.* Ernest est sauvé!

D'OSBORN, *à part, près de la cheminée, et montrant monsieur de Mittau.* C'est l'arrêt de mort de mon rival qu'il emporte.

Il jette au feu le papier qu'il tenait caché dans sa ceinture.

GERTRUDE, *bas à Marie.* Mais ce mariage?

MARIE, *de même.* Ce mariage me tuera!... Toi, Gertrude, veille sur l'orpheline... sois la mère de Stella!

De Mittau lui présente la main, qu'elle accepte, tandis que d'Osborn reçoit les félicitations de tout le monde.

ACTE PREMIER.

Le théâtre représente un jardin. A gauche, un petit bâtiment auquel on monte par deux marches et avançant sur la scène; au rez-de-chaussée, une persienne faisant face au public; sous cette croisée, un banc de pierre; la porte de ce bâtiment sur le côté. A droite, au deuxième plan, un petit pavillon avec croisée et balcon; du même côté à l'avant-scène, un banc de jardin. Au fond, le parc.

SCÈNE PREMIÈRE.

FRITZ, JARDINIERS.

FRITZ, *aux jardiniers.* Ne faites rien de ce côté du parc; vous jaseriez, vous chanteriez, et cela troublerait M. Théodore de Ricca, notre jeune maître, qui travaille depuis ce matin dans ce petit pavillon qui lui sert de cabinet d'étude.

UN JARDINIER. Ça suffit, monsieur Fritz.

FRITZ. Parle donc plus bas, animal! ou plutôt va-t'en. Et vous autres... suivez-le.

Les Jardiniers sortent par la droite, sur la pointe du pied.

FRITZ. Voilà un garçon studieux que M. Théodore; et Madame qui me disait encore hier: « Mon fils ne travaille plus... il a je ne sais quelle idée en tête qui le préoccupe. » J'ai répondu de M. Théodore; je suis sûr qu'à cette heure il est couché sur ses livres, et tout entouré de ses cartes de géographie; aussi, comme je ne veux pas qu'il se tue, ce digne jeune homme, je vas causer avec lui pour le distraire un peu. (*Allant à la porte du pavillon.*) Tiens! il a retiré la clef du pavillon pour ne pas être dérangé... décidément, il va se faire mal.

A ce moment, Théodore vient du fond, à droite, et sans voir Fritz, qui est à la porte du pavillon, il s'approche de la persienne du petit bâtiment et place un bouquet sur le banc qui est au-dessous.

SCÈNE II.

THÉODORE, FRITZ.

FRITZ. Ah! si madame le voyait comme ça... je... (*En se retournant il aperçoit Théodore plaçant son bouquet sous la fenêtre.*) Ah! bah!

THÉODORE. Fritz!

FRITZ. M. Théodore! moi qui le croyais là-dedans!... Qu'est-ce que vous faites donc là, monsieur Théodore?... si c'est ainsi que vous travaillez depuis cinq heures que vous êtes levé...

THÉODORE. Je t'assure, Fritz, que je n'ai pris absolument que le temps de courir au parterre pour cueillir ces fleurs, les premières qui me soient tombées sous la main.

FRITZ, *regardant le bouquet.* Ah! diable! vous avez eu la main heureuse. De la bruyère blanche cueillie ici? je voudrais bien savoir comment vous vous y êtes pris; moi qui connais mon parterre sur le bout du doigt, je n'en ai jamais pu découvrir... dans cette saison, s'entend.

THÉODORE. Tiens, Fritz, je vais te dire la vérité... vraie. La bruyère est la fleur favorite de Stella; comme tu le disais, il n'y a pas de bruyère ici, dans cette saison; il a donc fallu courir à Dermann pour en trouver.

FRITZ. Faire deux lieues pour des folies pareilles! voilà une jolie conduite... et vos mathématiques?

THÉODORE. Oh! je te promets de réparer le temps que j'ai perdu.

FRITZ. A la bonne heure!

THÉODORE. Et à compter de demain...

FRITZ. Comment, de demain?...

THÉODORE. La journée est si avancée!

FRITZ. Il n'est pas neuf heures.

THÉODORE. De plus, j'ai promis à Stella, à Stella, que tu aimes tant, de l'accompagner à la ferme d'Anspach, où elle doit se rendre ce matin avec Mme Muller.

FRITZ. Ah! nous y voilà! décidément madame la comtesse avait raison; vous n'avez plus qu'une idée dans la tête, et cette idée c'est Mlle Stella. Que cette petite coure et se promène, rien de mieux; elle n'a pas à devenir feld-maréchal. Mais vous, monsieur, c'est différent; aussi n'irez-vous pas à la ferme: si vous tenez absolument à faire de l'exercice, eh bien, je vous offre ma compagnie pour aller voir rentrer les derniers foins.

THÉODORE. Merci!

FRITZ. Vous préférez donc rester dans ce pavillon, et y travailler?

THÉODORE. Oui, franchement, j'aime mieux le pavillon. (*A part.*) J'y resterai cinq minutes. (*Haut.*) J'espère que je suis raisonnable. (*Lui donnant la clef.*) Ouvre-moi la porte.

FRITZ. Tout de suite, monsieur Théodore : tout de suite.

Il va ouvrir.

THÉODORE, *qui a été ouvrir la porte du petit bâtiment.* Stella et sa mère se disposent à partir; je les rejoindrai à moitié chemin.

FRITZ, *qui a ouvert.* Quand vous voudrez, monsieur Théodore.

THÉODORE. Je me sens en verve; ne viens pas me déranger avant cinq heures... tu entends. (*Il entre en riant.*) Pauvre Fritz!

FRITZ, *à lui-même.* Rira bien qui rira le dernier. (*Il ferme la porte à double tour.*) J'enferme l'oiseau dans sa cage; et il y restera, comme il l'a dit, jusqu'à cinq heures.

SCÈNE III.

Mme MULLER, STELLA, FRITZ.

Mme MULLER. Non, ma chère Stella, non; je ne t'emmènerai pas à la ferme.

STELLA. Mais, maman, pourquoi me refuser aujourd'hui ce que tu m'avais accordé hier?

Mme MULLER. Parce qu'il n'est pas raisonnable qu'une grande fille comme toi passe ainsi la journée à ne rien faire.

FRITZ., *qui a fermé le pavillon et descendu la scène.* Bien dit, madame Muller; v'là ce que j'appelle parler raison.

STELLA. Ah! de quoi te mêles-tu?

FRITZ. Oh! c'est que je sais ce que c'est que d'éduquer des enfants. Voyez M. Théodore, c'est mon élève, et j'en fais ce que je veux...

STELLA. Vraiment!

FRITZ. A preuve, c'est que tout à l'heure il voulait aussi, lui, courir les champs... aller jouer à la ferme...

STELLA. Eh bien!...

FRITZ. Un mot a suffi; et maintenant il est là qui travaille... qui bûche... sur ses mathématiques.

Mme MULLER. Tu vois, Stella.

Ici Théodore paraît à la fenêtre.

STELLA. Oui, maman, oui... je vois.

Théodore et Stella se font des signes.

FRITZ. Et il ne bougera pas de là, oui dà. (*A part à madame Muller, en lui montrant la clef.*) Il y a de bonnes raisons pour ça.

STELLA. Eh bien, maman, comme je ne veux pas que M. Fritz dise que je suis moins raisonnable que Théodore, je resterai, et vous irez seule à la ferme.

FRITZ. A la bonne heure.

Mme MULLER. C'est bien, Stella, te voilà raisonnable; aussi je te promets de revenir au plus vite.

STELLA. Et moi, maman, je ne bougerai pas d'ici.

Mme MULLER. Embrasse-moi... tu ne m'en veux plus?

STELLA. Au contraire.

Mme MULLER. Tu m'aimes toujours?

STELLA. Plus encore.

FRITZ, *à madame Muller, en sortant.* Voyez-vous, mame Muller, avec de l'adresse, on fait des enfants tout ce que l'on veut.

Ils sortent à droite.

SCENE IV.

STELLA, THÉODORE, *à la fenêtre.*

Stella lui fait signe de ne pas se montrer avant que
Mme Muller soit éloignée.

THÉODORE, *à la fenêtre.* Enfin les voilà partis.

STELLA. C'est comme ça que vous travaillez vos mathématiques, monsieur? je vous en fais mon compliment.

THÉODORE. Il fallait bien promettre quelque chose pour me débarrasser de Fritz. Je descends, et nous allons finir le joli roman que nous avons commencé hier.

Il quitte le balcon.

STELLA. Oui, c'est cela. (*Allant chercher un volume qu'elle a caché sous le banc de pierre dans une corbeille à ouvrage, et s'asseyant.*) Nous en étions à la page 109.

Elle feuillette le livre. Ici on entend Théodore secouant
la porte du pavillon.

THÉODORE, *en dedans.* Maudite porte!

STELLA, *se levant.* Eh bien! pourquoi ne viens-tu pas?

THÉODORE. Oh! c'est une indignité!

STELLA, *se levant.* Qu'as-tu donc?

THÉODORE. Ce vieux traître de Fritz a mis les deux tours... impossible de sortir!

STELLA. Pauvre Théodore, il n'aurait pas pu nous rejoindre. Comme c'est heureux que maman ait refusé de m'emmener!

THÉODORE, *reparaissant à la fenêtre.* Enfermé comme un enfant! Moi, Théodore de Ricca, qui vais être sous-lieutenant, enfermé ici quand tu es là... oh!

STELLA. Oh! c'est affreux..... te mettre sous clef à ton âge. (*Riant.*) Ha! ha! ha! ha!

THÉODORE. Tu ris.

STELLA. Du tout.... je te plains... je me désole avec toi. (*Éclatant.*) Ha! ha! ha!

THÉODORE. Encore!

STELLA. C'est que tu fais une figure si drôle sur ce balcon! Ha! ha! ha!

THÉODORE. Stella!

STELLA. Ne te fâche pas, je vais m'asseoir là et lire notre roman.

THÉODORE. Sans moi!

STELLA, *allant s'asseoir.* Viens alors.

THÉODORE. Mais puisque je suis enfermé.

STELLA. A ta place, moi, je serais déjà descendue.

THÉODORE. Comment?

STELLA. Je ne sais pas... mais pour rien au monde je ne resterais là perché comme un perroquet sur son bâton.

THÉODORE. Puisque tu le prends sur ce ton là, je vais...

STELLA. Quoi faire?

THÉODORE. Pardieu! sauter.

STELLA. Il se tuerait..... Théodore!..... rentre vite... j'entends Fritz.

THÉODORE. Oh! le vieux drôle va me payer le tour qu'il m'a joué.

STELLA. Rentre vite. (*Théodore rentre, Fritz traverse la scène un peu vivement.*) Ou allez-vous donc si vite, monsieur Fritz?

FRITZ. Ah! c'est que pour tailler le grand espalier, avant que les grosses gelées arrivent, j'ai besoin de mon échelle.

Il disparaît.

STELLA, *à part.* Une échelle!... Si j'essayais... (*A Théodore qui a reparu.*) Laisse-moi faire et ne me perds pas de vue.

Rentre Fritz portant une longue échelle.

FRITZ. Eh bien, petite, voulez-vous venir avec moi? vous me regarderez, cela vous amusera.

STELLA *. Vous êtes bien bon, mais maman m'a défendu de bouger d'ici, et je ne désobéis jamais à maman; par exemple si vous étiez gentil vous resteriez un peu avec moi.

FRITZ. Non... non... mes garçons m'attendent là-bas.

STELLA, *s'appuyant sur son épaule.* Vous prendrez bien le temps de me donner des nouvelles de Tonio, votre fils. Est-il toujours aussi espiègle? demande-t-il toujours à grandir? le pauvre garçon à son dernier voyage était désolé d'être plus petit que moi.

FRITZ. Oh! plus petit...

STELLA. Oui...oui, plus petit! nous nous sommes mesurés là le long de ce mur. (*Elle indique le pavillon.*) Tenez, voilà la marque que Théodore a faite.

FRITZ. Allons donc!

STELLA, *se mettant le long du mur presqu'au dessous de la fenêtre.* Voyez plutôt.

FRITZ, *s'approchant.* Oh! monsieur Théodore a triché pour vous; mais si je mesurais moi-même, je suis sûr que Tonio l'emporterait, et de beaucoup.

* Fritz, Stella.

STELLA. Je parie que non.

FRITZ. Pardieu, nous allons voir.

Il appuie son échelle sur le balcon de la croisée.

STELLA. Tout de suite, si vous voulez.

Théodore, qui a reparu sur le balcon, aperçoit l'échelle et s'apprête à descendre. Stella, pour occuper Fritz, remue, ou se lève sur les pointes.

FRITZ. Oui, mais ne parlons pas si haut; monsieur Théodore pourrait nous entendre, et ça lui donnerait des distractions. Ne bougez pas.

STELLA, *regardant en l'air.* Immobile!

FRITZ. Vous avez remué la tête.

STELLA. Regardez bien la marque.

FRITZ. Je ne la distingue pas.

STELLA. Là?... au-dessus de ma tête. Voyez-vous?

Pendant que Stella appelle l'attention de Fritz, Théodore descend.

FRITZ. Je ne vois rien du tout..... mais avec ma serpette je vais vous prouver...

Il marque sur le mur.

STELLA, *élevant la voix.* Est-ce fait?

FRITZ, *marquant.* Oui.

THÉODORE, *sautant à terre.* Oui.

Il entre dans la coulisse au-dessus du pavillon.

FRITZ, *se retournant.* Hein?

STELLA, *vivement, quittant la place.* Ah! c'est affreux!

FRITZ. Quoi donc?

STELLA. Je suis plus grande que ça.

FRITZ. L'avantage est à Tonio, j'en étais sûr... Pourtant je dois avouer qu'il faut y regarder de près; mais j'ai un œil de lynx, comme on dit, rien ne m'échappe.

THÉODORE, *allongeant la tête.* Excepté moi.

STELLA, *qui se dispose à s'asseoir et à reprendre son livre.* Adieu, monsieur Fritz.

FRITZ. Comment, adieu?... vous ne voulez donc plus causer?

STELLA. Vos garçons vous attendent.

FRITZ, *reprenant son échelle.* Allons, sans rancune, petite. Madame va descendre au verger, et il faut qu'elle me trouve à la besogne... Sans rancune.

Il emporte son échelle et sort à gauche, derrière le petit bâtiment. Théodore, qui est caché à droite, au-dessus du pavillon, reparaît.

SCÈNE V.

STELLA, THÉODORE.

STELLA, *au fond.* Victoire! il est parti!... Eh bien, que dis-tu de mon expédient?

THÉODORE. Je dis que je suis enchanté qu'on nous ait l'un et l'autre empêchés d'aller à Anspach.

STELLA. Pourquoi?

THÉODORE. Parce qu'à la ferme nous aurions été trois, et qu'ici nous ne sommes que deux.

STELLA. Théodore, sais-tu pour quel motif on nous a refusé à tous deux d'aller à la ferme?

THÉODORE. Je le devine. On craint que je ne pense trop à toi.

STELLA. Par exemple! Je pense bien à toi toute la journée..... n'avons-nous pas été élevés ensemble? ne suis-je pas ta sœur? n'es-tu pas mon frère?

THÉODORE. Non pas tout à fait. Quand nous étions enfants, je t'appelais ma petite femme, tu m'appelais ton petit mari. A mon retour de l'université, pourquoi as-tu renoncé à cette douce habitude d'autrefois?

STELLA. Tu étais si grand... j'ai eu peur que tu te moques de moi.

THÉODORE. Mais tu dois être rassurée... tu sais maintenant que pour toi mon cœur est toujours le même. Stella, veux-tu être encore ma petite femme?

STELLA. Vois donc... est-ce qu'à présent je peux t'appeler mon petit mari? Non, nous ne sommes plus d'âge à jouer..... toi surtout... qui es si savant... à ce que dit Fritz.

THÉODORE. Oh! ce que j'ai appris, ma Stella, c'est que ma tendresse pour toi n'était pas un jeu, comme tu le supposes..... à l'université je n'avais, comme ici, qu'une pensée... toi, toujours toi.

STELLA. Sais-tu que c'est bien gentil ce que tu me dis-là?

THÉODORE. J'ai appris encore que cette tendresse n'était pas seulement de l'amitié... Non... tous mes camarades me l'ont dit... c'est de l'amour....

STELLA. De l'amour!...

THÉODORE. Aimer d'amour, Stella, c'est...

STELLA. Taisez-vous, monsieur : puisqu'on n'envoie pas les filles à l'université, c'est qu'elles ne doivent pas savoir ce qu'on y apprend aux garçons.

THÉODORE. Pourtant...

STELLA. Pour moi, je t'aime tout simplement d'amitié. Ce qui me console de ton départ, c'est l'espoir de ton retour. Je sens que je n'aimerai jamais personne autant que toi, et que je mourrais de chagrin si tu ne m'aimais plus.

THÉODORE. Mais, Stella, c'est de l'amour cela.

STELLA. Vraiment! Eh bien, j'ai appris ça toute seule. Voyez donc à quoi sert l'université.

THÉODORE. Il est bien clair, bien prouvé que nous sommes amoureux l'un de l'autre, et quand on est amoureux... on se marie. Dès aujourd'hui j'avoue tout à ma mère, elle approuve mon choix, fait la demande de ta main à madame Muller, et dans huit jours tu seras ma femme.

STELLA. Et alors nous ferons tout ce que nous voudrons; nous ne serons plus forcés de nous cacher pour lire ensemble les livres que tu prends dans la bibliothèque de madame la comtesse et qui nous intéressent tant. Théodore, pendant que nous sommes seuls, veux-tu reprendre la lecture que Fritz a interrompue hier?

THÉODORE. Je veux tout ce que tu désires.

STELLA. Et moi, je désire tout ce que tu veux. Quel charmant petit ménage nous allons faire !... Monsieur mon mari, mettez-vous là, près de moi.

Ils s'asseyent sur le banc de pierre sous la persienne.

THÉODORE*. Me voilà. Fritz ne viendra me déranger qu'à cinq heures, nous aurons le temps de finir le volume.

STELLA, *prend son livre. Elle lit.* Page 109... C'est cela. « Cette lettre tant désirée » arrriva enfin. Elle apprenait à Ursule que » son père, blessé grièvement, était mourant » à l'hôpital militaire... Ursule pleura d'a-» bord... puis elle songea que Maurice » allait succomber, peut-être faute de soins, » et que dans son abandon, il appelait sa » fille. Ursule résolut d'aller à l'hôpital » d'Inspruck ; mais comment pourrait-elle » entreprendre un si long voyage, seule, » sans guide, sans appui? Dieu l'inspira ! » elle aperçut au mur de la chaumière l'uni-» forme de son frère de lait, jeune soldat, » mort en congé. Elle quitta ses vêtements » de femme, se couvrit de cet uniforme... » puis se recommandant à sa sainte pa-» tronne... elle partit. » (*Parlant.*) Oh! c'était bien cela. (*Continuant.*) « L'hiver était » rigoureux cette année, la misère était » grande; la pauvre voyageuse avait deux » cents lieues à parcourir. » (*Parlant.*) Deux cents lieues !! (*Elle lit.*) « Le peu » d'argent qu'elle avait emporté lui fut » volé dans une auberge, et il lui fallut im-» plorer la charité publique. Vingt fois elle » faillit succomber. Enfin elle tomba un soir » sur la route, presque morte de froid et de » faim... mais ce soir-là elle était aux por-tes d'Inspruck. » (*Parlant.*) Vois-tu, Théodore, c'est Dieu qui l'avait soutenue jusque-là.

THÉODORE, *se rapprochant.* C'est très-intéressant; continue.

Pendant la lecture de ces dernières lignes, Mme Muller est entrée par la droite, Fritz et Mme de Ricca par la gauche.

* Stella, Théodore.

SCÈNE VI.

Mme RICCA, FRITZ, STELLA, THÉO-DORE, Mme MULLER.

FRITZ, *venant de la gauche, et conduisant madame de Ricca au pavillon.* Venez, madame, venez ; voilà la clef, entrez tout doucement dans le pavillon, et vous verrez.

Mme MULLER, *venant de la droite et se dirigeant vers le bâtiment.* Je n'en puis plus... mais ma petite Stella ne sera pas restée seule trop longtemps. (*Apercevant Stella et Théodore.*) Stella et Théodore ! *

FRITZ. Ensemble!

Mme RICCA. Toujours!

THÉODORE, *se levant.* La comtesse!

STELLA. Maman!

FRITZ. Ah ça, par où est-il passé? la porte est fermée et la clef était dans ma poche!

Mme MULLER. Comment se fait-il, Stella ?

STELLA. Maman, je t'assure que si nous nous sommes retrouvés, il n'y a pas de notre faute. Fritz avait enfermé Théodore, et moi, je voulais t'accompagner. Si je suis restée, c'est que tu l'as voulu, et si Théodore est sorti du pavillon, c'est que Fritz l'a bien voulu aussi.

FRITZ. Moi!

STELLA. Sans doute. Pour descendre de ce balcon il fallait à Théodore une échelle, et c'est vous, Fritz, vous qui l'avez apportée et posée là... vous-même.

FRITZ. C'est vrai. Ah ! la petite masque !! Madame la comtesse, je vous conseillais toujours l'indulgence, mais je reconnais à présent que j'avais tort ; je renonce à garder monsieur Théodore, et je vous engage à le renvoyer dès demain, dès ce soir, à l'école militaire de Berlin.

THÉODORE. Et moi, je déclare à madame la comtesse, avec tout le respect que je lui dois, que je ne veux plus aller à aucune école, que toute mon ambition est d'épouser Stella, et que je me crois assez savant pour être son mari.

TOUS. Son mari !

Mme RICCA. Théodore, si votre père eût vécu, il vous aurait fait monter en voiture et envoyé immédiatement à Berlin. Je serai plus indulgente.

FRITZ. Oui. On ne vous fera partir que demain.

Mme RICCA. Retournez au château; je vous rejoindrai tout à l'heure; quelques minutes de solitude et de réflexion vous feront comprendre toute l'extravagance de votre projet de mariage. Je vous croyais presque un

* Théodore, Stella, Mme Muller, Mme de Ricca, Fritz.

homme, Théodore, et vous n'êtes encore qu'un enfant.

THÉODORE. Non, madame, j'ai dix-neuf ans... dans quelques années je serai majeur, je serai mon maître, et j'épouserai Stella malgré vous , malgré madame Muller, malgré le grand Frédéric lui-même. Jusque-là je ne ferai rien... qu'aimer Stella et vous faire enrager tous.

STELLA. Théodore!!

Mme DE RICCA. Vous oubliez, monsieur, que vous parlez à votre mère. Je vous ordonne de suivre Fritz et de rentrer au château. (*Théodore s'incline en silence.*) Vous, madame Muller, renvoyez cette enfant, il faut que je vous parle.

THÉODORE *s'approche de Stella et lui dit à voix basse.* On va comploter quelque chose contre nous. Tâche de savoir...

Il remonte la scène.

STELLA. Sois tranquille.

FRITZ. Monsieur, je vous attends.

THÉODORE, *en s'en allant, à Fritz.* Vas-tu encore m'enfermer? Tu sais que ça ne m'embarrasse pas beaucoup.

FRITZ. Dire que j'ai nourri cet enfant-là du lait de ma femme.... Allons, monsieur, marchez devant et suivez-moi.

Ils sortent à gauche. Stella rentre dans le bâtiment.

~~~~~~

SCÈNE VII.

Mme MULLER, Mme DE RICCA.

Mme DE RICCA. Madame Muller, je ne vous adresserai aucun reproche. Cet amour enfantin que nous avons l'une et l'autre si imprudemment laissé grandir s'éteindra, je l'espère. Théodore, tout au bruit des armes, à l'éclat des fêtes de la cour, aura bientôt oublié celle qu'il veut aujourd'hui nommer comtesse de Ricca. Puisse l'absence et vos bons conseils effacer du cœur de Stella des espérances qui, vous le comprenez, seraient insensées! Dès demain Théodore quittera ce château.

STELLA, *ouvrant avec précaution la persienne du petit bâtiment.* Demain!

Mme DE RICCA. Nous éviterons qu'à l'avenir nos enfants puissent se rencontrer. Stella d'ailleurs est presque d'âge à se marier. Un époux serait pour elle à présent la meilleure égide... J'ai déjà songé à lui en donner un.

STELLA, *à part.* Voilà un abominable complot.

Mme DE RICCA. Tonio, le fils de mon vieux Fritz, a vingt ans; c'est un bon et honnête garçon, il a été élevé avec Stella. En les unissant je me chargerai de leur avenir.

Madame Muller, j'ai compté sur vous pour la conclusion de ce mariage.

STELLA. Épouser Tonio... par exemple !

Mme MULLER. Ce mariage en effet doit vous paraître convenable. Tonio pourrait épouser la fille de l'intendant Muller... mais Tonio ne peut être le mari de Stella.

Mme DE RICCA. Je ne vous comprends pas.

Mme MULLER. Je n'ai pas le droit de disposer de la main de cette enfant.

Mme DE RICCA. Comment ?

Mme MULLER. Stella n'est pas ma fille, madame.

STELLA. Que dit-elle, mon Dieu !

<div align="center">Elle referme doucement la persienne.</div>

Mme DE RICCA. Qu'entends-je !

Mme MULLER. Si j'ai gardé le silence même avec vous, madame, c'est que ma tendresse est tout ce que possède Stella , c'est que si elle savait que je ne suis pas sa mère, elle se croirait moins aimée... et maintenant surtout la pauvre enfant a besoin de ne pas douter de mon attachement. Il y a quinze ans, lorsque feu M. le comte de Ricca, votre époux, vint habiter cette terre au fond de la Poméranie, il emmena avec lui Muller, dont il connaissait le zèle et le dévouement ; je me disposais à venir rejoindre mon mari, quand je reçus la nouvelle que ma sœur aînée , Gertrude Buclos, était dangereusement malade à Rittersdorf, et désirait me voir une dernière fois. Je courus à Rittersdorf... Mais j'arrivai trop tard , la pauvre Gertrude n'était plus. On me remit une lettre qu'elle avait écrite sur son lit de mort.

Mme DE RICCA. Cette lettre...

Mme MULLER. Je l'ai conservée, madame; la voici. Stella n'en devait connaître le contenu qu'après que Dieu m'aurait rappelée à lui. Lisez, madame, lisez.

Mme DE RICCA, *lisant.* « Ma bonne sœur, » le temps me manque pour achever la sainte » tâche qui m'avait été donnée; sois la mère » adoptive d'un pauvre enfant qui n'avait » plus que moi sur terre. Tu trouveras ma » petite Stella au village d'Offembach, où elle » a été secrètement élevée; d'après mes in- » structions, la bonne paysanne qui l'a nour- » rie te la remettra. Stella est la fille de » M. Ernest de Fridberg. » (*Parlant.*) De Fridberg!.. (*Continuant.*) « Ce noble et digne » jeune homme a été condamné à une prison » perpétuelle.....» (*Parlant.*) Condamné!! (*Continuant.*) « Et devant Dieu je jure qu'il » était innocent. Si cette innocence ne doit » jamais être reconnue, si M. de Fridberg » doit vivre et mourir à la citadelle du Mont- » des-Géants, ne révèle pas à Stella l'exis- » tence de cet infortuné. Stella ne doit jamais
~~~~~~

» connaître non plus celle qui lui a donné
» le jour, car à toi, à toi-même je n'ose dire
» le nom de sa mère. »

Mme MULLER. A mon arrivée je confiai tout à mon mari, qui me dit en embrassant Stella: Dieu nous a pris autrefois notre unique enfant, remercions-le de sa bonté qui nous en donne un autre... Et à tout le monde ici Muller présenta notre fille, qu'enfin, disait-il, je lui avais amenée.

Mme DE RICCA. De Fridberg! Je me souviens d'avoir entendu prononcer ce nom à Berlin. Et savez-vous si ce malheureux existe encore?

Mme MULLER. Oui, madame; lors de son dernier voyage en Silésie, Muller a su qu'il languissait toujours dans les cachots de la citadelle.

Mme DE RICCA. La confidence que vous venez de me faire ajoute, s'il se peut, à l'estime que je vous portais; elle me rend plus chère aussi cette pauvre Stella. Le mariage que j'avais projeté est impossible... je le comprends, et plus que jamais je suis décidée à faire partir Théodore. Je vais donner les ordres nécessaires. Quant à Stella... je vous promets de m'intéresser à elle... Je veux lui assurer une existence calme et heureuse. En la protégeant avec vous contre un amour sans espoir, je vous aiderai dans la tâche que vous avez jusqu'à ce jour si saintement remplie.

Elle sort, Mme Muller la reconduit, puis elle se dirige vers le bâtiment.

SCÈNE VIII.

STELLA, Mme MULLER.

Mme MULLER, *après avoir reconduit madame de Ricca, est allée s'asseoir pensive sur le banc de jardin placé à droite.* J'ai dû faire cet aveu à madame la comtesse; elle a l'âme noble et généreuse, elle aura compris la position de cette pauvre enfant; elle a promis de m'aider à faire le bonheur de Stella, de ma fille chérie.

STELLA, *qui est sortie lentement et s'est approchée de madame Muller sans en être vue.* Stella n'est pas votre fille? vous n'êtes pas ma mère?

Mme MULLER, *se retournant.* Que dis-tu?

STELLA, *indiquant la persienne.* J'étais là... J'ai tout entendu.

Mme MULLER. Mais, Stella... mon enfant...

STELLA, *cherchant à maîtriser son émotion.* Vous m'avez trompée, madame.

Mme MULLER. Trompée! moi dont les soins... l'amour... (*Avec reproche.*) Ah! Stella!

STELLA, *tombant à genoux et éclatant en sanglots.* Oh! pardon! pardon!... Je ne suis pas ingrate!... Oui, vous êtes bonne... Oui, vous avez pris bien soin de la pauvre orpheline!... Vous ne m'avez pas donné la vie, mais vous me l'avez conservée. Oh! pardonnez-moi, madame, pardonne-moi, ma mère, si je ne puis t'exprimer ma reconnaissance que par mes larmes... Si tu savais tout ce que ton récit m'a fait éprouver... Je me suis sentie transportée dans un autre monde... Mes joies, mes rêves de jeune fille se sont évanouis tout à coup. En t'écoutant, je voyais ma mère morte... elle est morte, car une mère n'abandonne pas son enfant; je voyais mon père enchaîné... Mon père... il languit depuis de longues années au fond d'un noir cachot... Et mon cœur ne me disait rien. J'étais insouciante et rieuse, et mon père innocent, car il est innocent. Mon père souffrait toutes les tortures, quand j'étais heureuse et réchauffée sur ton sein... Il pleurait.. lui! Il avait froid... A présent je respire un air pur, le soleil m'éclaire et m'anime... et lui... mon père... est plongé dans une nuit éternelle. Honneur, repos, liberté, on lui a tout ravi, tout, jusqu'aux caresses de sa fille. Ah! pourquoi m'avoir caché ce secret... Pourquoi ne m'avoir pas dit: Stella, prie pour le pauvre prisonnier? la prière d'un enfant monte jusqu'à Dieu, et Dieu aurait eu pitié de mon père.

Mme MULLER. En te disant la vérité, j'aurais inutilement attristé ta vie. Oh! si M. de Fridberg avait laissé un fils, à ce fils devenu homme j'aurais dit: Ton père est prisonnier, ton père est innocent... Travaille à sa délivrance, et que le ciel te soit en aide. Mais toi, faible jeune fille, que pouvais-tu?

STELLA. Je pouvais courir à sa prison, supplier les geôliers... leur donner ma vie pour celle de mon père. Je pouvais aller à Berlin, me jeter aux genoux du roi, demander, obtenir la réhabilitation de l'innocent; et si le roi avait été implacable, s'il avait dit de mon père: Qu'il souffre et qu'il meure... eh bien! je pouvais souffrir et mourir avec lui.

Mme MULLER. Stella... ma fille... ton exaltation m'épouvante. Quelqu'un vient... C'est Fritz.

SCÈNE IX.

LES MÊMES, FRITZ, *un paquet sous le bras, venant de la gauche.*

FRITZ. Ah! madame Muller, quelle vilaine engeance que les enfants! et comme c'est difficile d'en venir à bout! On a pleuré ici, et on est en pleine révolte là-bas.

Mme MULLER. M. Théodore...

FRITZ. Refuse de partir... Mais il ne s'en mettra pas moins en route demain au point du jour... sous bonne escorte... C'est moi qui serai l'escorte... je ne le perdrai pas des yeux... Croiriez-vous que ce petit drôle nous a menacés de déserter son régiment et de revenir ici enlever Stella?... Oh! mais rassurez-vous, madame Muller, nous avons mis bon ordre à tout ça; et si mon gaillard revient, il ne trouvera plus personne...

Mme MULLER. Comment?

FRITZ. Madame a écrit à la supérieure de l'abbaye de Valberg, et m'a dit en me remettant la lettre: Demain je conduirai Stella au couvent!

Mme MULLER. Au couvent!

STELLA. Demain!

Mme MULLER, *bas, à Stella.* Me séparer de toi!...

STELLA, *bas.* Madame la comtesse sait à présent que je ne suis pas votre fille.

FRITZ. Madame va payer votre dot... dans deux ans vous serez religieuse... C'est un joli état... Rien à faire... Et dans vos vieux jours vous serez peut-être sœur tourière... C'est une retraite... J'aurais aimé ça, si j'avais été demoiselle.

Mme MULLER, *bas à Stella.* Sois tranquille, mon enfant, je verrai la comtesse... et...

STELLA, *à part.* Prisonnière aussi... comme lui...

FRITZ. A propos, madame Muller, j'ai un petit service à vous demander... Les hardes de M. Théodore sont là, et il faut que je fasse entrer tout dans sa petite malle de voyage... Seriez-vous assez aimable pour venir m'aider?

Mme MULLER, *hésitant et regardant Stella.* C'est que...

STELLA. Allez, ma mère, allez.

Mme MULLER, *bas.* Ne te préoccupe pas de ce projet... Tant que je vivrai... tu ne me quitteras pas...

FRITZ, *qui a été ouvrir la porte du pavillon, revenant sur ses pas.* Nous aurons du mal, voyez-vous, car je voudrais fourrer aussi ce paquet dans la caisse. Ce sont des habits tout neufs que j'ai fait faire à Tonio avec des vieux à moi. Comme nous devons passer à Ulbrun, où mon gars est en apprentissage, ça m'épargnera les frais de port, outre que ça me donnera l'occasion de l'embrasser. Croyez-vous que ça tiendra?

Mme MULLER. Nous ferons notre possible. Venez, venez vite.

SCÈNE X.

STELLA, *seule.*

STELLA. A l'abbaye de Valberg!... Oui, une cellule et une tombe... voilà tout ce qu'il faut à la pauvre orpheline... Prosternée jour et nuit au pied des autels, j'implorerai pour mon père la miséricorde divine!... Mon père!... ne lui dois-je donc que des prières et des larmes?...N'ai-je pas une autre mission à remplir?... Est-ce sans dessein que la Providence a voulu que j'apprisse la vérité à présent que je suis grande et forte?... Ce n'est pas au couvent qu'est ma place... c'est à Berlin, aux pieds du roi... c'est dans le cachot de mon père!... Madame Muller m'accompagnera... me guidera... Ne me disait-elle pas tout à l'heure que je ne pourrais rien?... Elle me croira folle... pour me retenir ici, elle cédera au désir de la comtesse... Et demain, peut-être, demain les portes d'un couvent se refermeront sur moi!... Non... je ne dirai rien à madame Muller... Je partirai... seule... (*Apercevant son livre.*) Seule... comme la pauvre Ursule... Comme elle, je braverai les fatigues, le froid, la misère... A travers mille dangers, mille souffrances, elle est arrivée à Inspruck... J'arriverai jusqu'à mon père; car j'aurai, comme elle, pour guide et pour appui, la bonté du ciel!... Comment voyager seule... à pied... sous ce costume?... Je serai suivie, reconnue... ramenée ici... Ursule a pu se cacher sous l'uniforme de son frère... mais moi...Ah!... je me souviens... les vêtements que Fritz envoie à Tonio... ces vêtements, Il les emportera demain... demain... Il faudrait partir cette nuit... eh bien! je partirai!..

La nuit vient.

SCÈNE XI.

Mme MULLER, STELLA.

Mme MULLER, *sortant du pavillon.* Voilà qui est fait... Tu es encore là, ma fille?... L'air du soir est bien frais... Il faut rentrer, mon enfant.

STELLA, *à part.* Si je ne devais plus la revoir... elle, si bonne!

Mme MULLER. Viens-tu?

Sans lui répondre, Stella lui prend la main et la lui baise.

Mme MULLER. Que fais-tu?

Elle lui tend les bras.

STELLA *s'y précipite et l'embrasse avec effusion, et ne peut dire que ces mots en sanglotant.* Maman... maman!...

Mme MULLER. Je te devine... Tu as peur qu'on ne nous sépare... Mais c'est impossible...

STELLA. Si pourtant cela devait arriver... s'il fallait te quitter... Oh! dis-moi bien, ma bonne mère, que tu me pardonnes les chagrins que j'ai pu te causer... Dis-moi bien que tu ne douteras jamais de ma tendresse, de ma reconnaissance...

Mme MULLER. Douter de toi... jamais... Allons, ne pleure pas ainsi... mon enfant... Tu as besoin de repos, et la nuit est venue.

STELLA. Maman... priez pour moi cette nuit... Demandez à Dieu qu'il donne à votre enfant l'appui dont elle a besoin... Pour que je sois forte et courageuse, bénissez-moi, maman... bénissez-moi...

Elle tombe à genoux.

Mme MULLER, *la relevant.* Oh! oui... Je te bénis, car je devine ce que tu souffres... Allons, viens... Demain, nous irons prier ensemble pour le pauvre prisonnier.

Elle rentre dans le petit bâtiment.

STELLA. Demain... (*A part.*) Elle priera pour nous deux.

Elle suit Mme Muller. Nuit complète.

SCÈNE XII.

FRITZ, *sortant du pavillon et tenant une lanterne à la main.*

FRITZ. Grâce à madame Muller, la malle est faite. Voilà la nuit close, allons fermer la petite grille du parc, j'en donnerai la clef à madame Muller, car je serai parti demain avant l'arrivée de nos ouvriers... Oh! oh! il fera froid cette nuit.

Il sort par le fond à droite.

SCÈNE XIII.

STELLA, *puis* FRITZ.

A peine Fritz est-il sorti, que Stella sort doucement du petit bâtiment.

STELLA. Madame Muller est rentrée dans sa chambre et me croit dans la mienne... Allons...

Elle traverse le théâtre, se dirige vers le pavillon et y entre. Fritz paraît au fond.

FRITZ. Voilà la grille fermée... Diable, madame Muller est peut-être couchée... Je voudrais pourtant lui expliquer... (*Il va au petit bâtiment, ouvre la porte et tousse.*) Hum! hum!.. Si elle a le sommeil dur... la petite m'entendra... Les jeunes filles, ça ne dort jamais que d'une oreille...

Mme MULLER, *dans le petit bâtiment.* Stella... Es-tu donc sortie de ta chambre... Je viens d'entendre ouvrir une porte...

FRITZ. Pardon, madame Muller, c'est moi... Fritz... Je viens vous apporter la clef de la petite grille du parc... Madame la comtesse veut que nous nous mettions en route au point du jour... Je ne serai donc pas là pour ouvrir aux ouvriers, mais j'ai compté sur vous pour me remplacer... Ne vous dérangez pas, je vais mettre la clef là, sur votre petite table, et allumer ma lanterne. (*Il allume la lanterne à une veilleuse qu'il est censé trouver sur la petite table.*) Bonne nuit, madame Muller.

Mme MULLER. Bon voyage, monsieur Fritz.

FRITZ, *sortant du bâtiment.* Merci. Bon!... voilà la pluie qui tombe à présent... et j'ai tout le parc à traverser pour gagner mon logis... Tiens... je n'ai que quelques heures à dormir, et je serai aussi bien dans le grand fauteuil de M. Théodore que dans mon lit... Ma foi, j'aime mieux ça... et je vais gagner ma chambre à coucher.

Il entre vivement dans le pavillon et referme la porte. Après quelques instants, on voit reparaître Stella sur le balcon, en costume de petit paysan; elle détache sans mot dire l'écharpe de laine qui entoure sa taille, en attache un bout au balcon et se laisse glisser; une fois à terre, elle va au petit bâtiment et revient avec la clef. Elle envoie un dernier baiser du côté de Mme Muller.

STELLA. A présent, mon père, te sauver ou mourir !

Elle sort vivement par le fond.

ACTE DEUXIEME.

Premier Tableau.

Les trois premiers plans représentent une masure abandonnée, ruinée, et dont le toit est à moitié enlevé ; cette masure, sans porte ni fenêtres, est toute ouverte au fond et laisse voir un site presque sauvage. Un pont de bois est jeté sur un torrent. Partout de la neige, de la glace. Au delà du pont et dans un horizon brumeux, on distingue les tours de la citadelle. Dans l'intérieur, à gauche, une cheminée délabrée; près de la cheminée, une mauvaise table et un escabeau.

SCÈNE PREMIÈRE.

BURL, DEUX PAYSANS, DEUX SOL-
DATS.

Au lever du rideau, les Paysans font du feu dans la cheminée délabrée.

BURL, *assis devant le feu.* Quel chien de temps !... c'est un véritable hiver de Sibérie ! (*Au Soldat.*) Il y aura encore quelque nez gelé cette nuit.

LE SOLDAT, *assis sur le bout de la table et coupant un pain noir dont il mange.* Ce pauvre Karl a été trouvé perclus, ce matin, dans sa guérite.

BURL. Quel métier que celui de soldat !... parlez-moi du mien, à la bonne heure, rien à faire ; j'étais né pour ce métier-là !

LE SOLDAT. Comment monsieur le gouverneur, qui est si dur, si exigeant pour tous ses domestiques, a-t-il tant d'indulgence pour vous?

BURL. Il aime ma société,... c'est uniquement pour lui tenir compagnie qu'il y a quinze ans il m'a pris à son service, après m'avoir fait sortir du guêpier où m'avait fourré ce gueux de Clakmann... A cette époque il m'a prévenu que je ne le quitterais plus, que je le suivrais partout...

LE SOLDAT, *riant.* Et comme depuis quinze ans, dit-on, monsieur le gouverneur n'est pas sorti trois fois de la citadelle...

BURL. J'y suis toujours resté; mais ça va changer. ... Madame d'Osborn, qui était condamnée aussi au régime de la citadelle à perpétuité, n'a pu s'y faire ; encore jeune et délicate, l'air lui manquait là-dedans, et je crois qu'elle aurait fini par aller respirer au Paradis, si le médecin n'avait déclaré la chose à monsieur d'Osborn... Après la consultation, il a été décidé qu'on ferait tous les jours une promenade de deux heures.

LE SOLDAT. Faire promener une malade d'un temps pareil !

BURL. C'est vrai que, pour une première sortie, on aurait pu désirer mieux. Aussi, mon maître, qui est devenu tout à coup un agneau pour sa femme, a-t-il ordonné de préparer ici un bon feu et quelques cor-

diaux, pour que madame d'Osborn pût faire halte et se réconforter un peu, en revenant à la citadelle. (*Se levant.*) A-t-on couru prévenir la femme de chambre de madame la comtesse ?

LE SOLDAT. Oui; mademoiselle Christine va apporter ici tout ce qu'il...

JOBIN, *arrivant du fond à droite.* Christine ! qui est-ce qui parle de Christine?

SCENE II.

LES MÊMES, JOBIN, *avec un manchon, un bonnet et des bottes fourrées*.

BURL. Eh ! voilà monsieur Jobin... l'amoureux !

JOBIN, *grelottant.* Oh ! oui ! amoureux !... mais parfaitement transi... En apprenant que vous étiez sorti de la forteresse, j'ai couru pour vous joindre, et dans mon empressement je n'ai pas pris le temps de me couvrir...

Il va se chauffer.

BURL. Vous êtes frileux, à ce que je vois.

JOBIN. Songez donc, mon cher, que je suis Français, méridional... natif de Toulon... pays des olives et des galériens. (*Au Soldat.*) Mettez une bûche, mon ami... (*A Burl.*) Vous disiez donc que Christine...

BURL. Sera ici dans dix minutes.

JOBIN. Dix minutes !... ô Prussien ! je vous embrasserais... si je n'avais pas l'onglée.

BURL. Décidément, vous l'aimez donc bien cette petite Christine?...

JOBIN. Si je l'aime !... Mettez encore une bûche, s'il vous plaît !... Mais j'en suis fou, furieux, imbécile... Pour elle, j'oublie mon pays, mon soleil, ma gloire... car, tel que vous me voyez, je suis un homme célèbre... A Paris, j'étais éventailliste breveté de la marquise de Pompadour... Un beau matin, il me prend envie de voyager... je vais droit à Berlin, où le roi Frédéric faisait, disait-on, un accueil distingué à toutes les grandes répu-

_____

* Soldats, Jobin, Burl, Paysans.

tations..; exemple : monsieur de Voltaire...
Je n'avais encore gagné qu'un rhume, dont
je cherchais à me défaire, lorsqu'en toussant
je regardai par hasard la fille de mon hôte-
lier... je m'en coiffai; malheureusement,
Christine s'était engagée déjà au service de
madame la comtesse d'Osborn, qu'elle vint
bientôt rejoindre dans cette forteresse. Aussitôt, je quittai Berlin et j'accourus m'établir
au petit village qui est au bas de la citadelle.
A tout prix, je voulais revoir Christine... Le
hasard me fit vous rencontrer, Prussien;
j'appris que vous étiez le domestique intime
de monsieur d'Osborn, et je vous promis cinquante florins si, sur un prétexte quelcon-
que, vous me faisiez entrer dans cet affreux
nid de vautours où Christine doit maigrir en
m'attendant.

Il vient en scène.

BURL. Vous introduire dans la citadelle...
impossible !... le gouverneur ne plaisante pas
avec la consigne... Il est défendu sous les
peines les plus sévères de laisser pénétrer
qui que ce soit dans notre maison de plai-
sance.

JOBIN. Ah ça, c'est donc vrai ce qu'on
dit dans le village?

BURL. Que dit-on?

JOBIN, *à mi-voix*. Qu'il y a là-bas, dans le
plus profond des cachots, un prisonnier
d'état que personne n'a jamais vu, et dont il
est même dangereux de parler. Un geôlier
est attaché, dit-on, spécialement à ce criminel.

BURL. C'est vrai... j'y songe... si vous
voulez un emploi... la place de ce geôlier va
être vacante?

JOBIN. Ah !... il monte en grade !

BURL. Il va être pendu.

JOBIN. Pendu !

BURL. On a surpris un projet d'évasion.
Le pauvre diable a tout avoué, et ce soir,
comme je le disais tout à l'heure, la place
sera vacante.

JOBIN. Merci... j'en aimerais mieux une
autre.

LE SOLDAT. Voici mamselle Christine.

JOBIN. Christine !... Cachez-moi un peu
pour que je la surprenne.

Il se cache entre la cheminée où brille un grand feu,
et Burl.

SCÈNE III.

LES MÊMES, CHRISTINE.

Elle apporte un manteau de fourrure et un panier dans
lequel est un flacon renfermant un cordial et un verre.

CHRISTINE. Voilà ce qu'on a demandé pour
madame... J'espère que je n'ai pas perdu de
temps...

Le Soldat la débarrasse et porte ces divers objets près de
la cheminée.

JOBIN. Oh ! elle a le nez rouge... ça la
rend encore plus jolie...

CHRISTINE. Je croyais trouver madame
ici... Oh !... comme ça sent le brûlé?

BURL. C'est vrai... qui est-ce qui se rô-
tit ?

JOBIN, *s'éloignant de la cheminée**. Ah !
c'est moi... c'est mon manchon.

CHRISTINE. Que vois-je !... M. Jobin !...

JOBIN. Oui, Jobin... plus amoureux...
plus enflammé que jamais... (*A Burl.*) Dites donc, suis-je éteint?

BURL. Oui, oui... je vous laisse ensemble.
(*A demi-voix.*) Ça vaut bien un à-compte
sur les cinquante florins promis... nous cau-
serons de ça à la première entrevue. (*Haut.*)
Allons, vous autres... tout est prêt ici... venez avec moi au devant de M. le gouverneur.

Ils sortent tous à droite.

SCÈNE IV.

CHRISTINE, JOBIN.

CHRISTINE. Monsieur Jobin !... si près de
moi !...

JOBIN. Ça vous étonne?... O Christine!
vous n'avez donc pas lu mes lettres?

CHRISTINE. Vos lettres... vous m'avez
écrit?

JOBIN. Trente-trois fois depuis la semaine
dernière... ce gros Prussien qui était là
tout à l'heure s'était chargé de...

CHRISTINE. Il aura craint de se compro-
mettre. Si vous voyiez la terreur que M.
d'Osborn inspire à ceux qui l'entourent !

JOBIN. Burl m'a pourtant promis de me
faire avoir un emploi dans la citadelle.

CHRISTINE. Il s'est moqué de vous... heureusement; car vous ne savez pas ce que
c'est que de vivre là-dedans.

JOBIN. Je sais que je serais auprès de
vous, et ça me suffit.

CHRISTINE. Pauvre garçon... il n'y a que
les Français pour aimer comme ça !...

JOBIN. Aussi je suis décidé, maintenant, à
accepter la place que M. Burl me proposait
tout à l'heure.

CHRISTINE. Quelle place?

JOBIN. Celle d'un monsieur qu'on doit
pendre dans la soirée.

CHRISTINE. Remplacer un geôlier... vous !

JOBIN. Je me présenterai d'abord comme
surnuméraire... et je ne demanderai que
vous pour appointements.

* Burl, Jobin, Christine.

CHRISTINE. Mais cette place est promise... donnée.

JOBIN. Déjà !...

CHRISTINE. Le geôlier en chef a reçu dernièrement une lettre de sa famille. Dans cette lettre on lui annonçait que son neveu et filleul, qu'il n'avait pas vu depuis son baptême, était si vicieux, si méchant, qu'on ne savait qu'en faire ; que, de plus, ce petit garnement était devenu muet par suite d'accident... Méchant et muet, c'était là un excellent fond de geôlier... aussi le petit misérable a-t-il été proposé à M. d'Osborn, qui l'a accepté pour faire un service spécial dans la grande tour où sont enfermés les prisonniers d'état, et on attend ce muet aujourd'hui ou demain.

JOBIN. Eh bien, Christine, puisque je ne puis pas entrer dans ce maudit château, sortez-en ; venez avec moi à Paris, rue Quincampoix... Une fois arrivés, nous nous mettrons à l'ouvrage tout de suite... nous ferons des éventails pour tout le monde... et quelques petits Jobins pour nous.

CHRISTINE. Merci, monsieur Jobin ; vous êtes bien gentil, mais ça ne se peut pas. Depuis trois mois que je suis au service de Mme d'Osborn, je n'ai pu la voir si bonne, si malheureuse, sans l'aimer ; et je lui ai promis de ne la quitter jamais.

JOBIN. Jamais... c'est bien long... n'importe, j'attendrai.

CHRISTINE. J'entends du bruit. (*Indiquant la droite.*) C'est M. d'Osborn... qu'il ne vous voie pas avec moi... partez vite.

JOBIN. Si je m'en vas, c'est uniquement pour vous obéir ; mais, Christine, je vous reverrai... demain... ce soir... On aura beau fermer les portes, je passerai dessus, dessous, ou au travers.

Il sort par la gauche. Aussitôt la sortie de Jobin, Christine va à la cheminée. Burll, qui entre par la droite, avec les deux Soldats, aide Christine à placer la table près du feu. On approche également l'escabeau, que Christine couvre avec le manteau qu'elle a apporté. Paraît alors M. d'Osborn, donnant le bras à Marie, qui marche lentement et paraît souffrante. Les Paysans suivent et restent au fond. Marie vient s'asseoir près de la table. Christine a pris dans son panier le verre et le flacon, elle emplit le verre et le donne à M. d'Osborn, qui le présente à Marie.

SCÈNE V.

CHRISTINE, MARIE, D'OSBORN, BURL, SOLDATS ET VALETS.

D'OSBORN. Placez-vous là, Marie ; ce feu et ce cordial vous ranimeront.

MARIE. Pourquoi nous arrêter ici ?...

D'OSBORN. Parce que nous avons encore près d'une heure de marche pour arriver à la forteresse, et que vos forces pourraient vous trahir. (*Sur un signe de d'Osborn, tout le monde se retire. Burl et Christine sortent à gauche avec les paysans. Les deux soldats à droite. Marie, assise, reste immobile, et semble éviter les regards de d'Osborn; celui-ci lui a présenté le cordial, mais Marie a repoussé la main de d'Osborn ; celui-ci debout, et avec une douceur affectée:*) Marie, pourquoi ne prenez-vous pas ce cordial? avez-vous oublié déjà les recommandations expresses du docteur? voulez-vous donc ne plus lutter contre cette langueur qui vous tue et qui me désespère?

MARIE. Oh! monsieur, faites-moi grâce de cette sollicitude exagérée qui a succédé tout à coup à la haine... à la brutalité... Pourquoi ces hypocrites soins? craignez-vous donc qu'à son lit de mort votre victime vous maudisse et vous démasque?

D'OSBORN. Que vous êtes injuste, Marie! ne savez-vous pas bien que sous cette haine apparente se cachait une profonde douleur?

MARIE. Encore cet odieux mensonge! de l'amour... dans ce cœur bas et impitoyable, qui a pu concevoir la trahison la plus lâche, le crime le plus abominable...

D'OSBORN. Marie... sans doute j'ai été cruel, impitoyable... mais vos dédains, vos mépris avaient ulcéré mon cœur.

MARIE. Méritez-vous donc autre chose que haine et mépris, vous qui avez menti indignement à la foi jurée... Si vous aviez tenu votre serment ; si, par vous, M. de Fridberg avait été publiquement justifié, j'aurais pu tout oublier ; j'aurais pu devenir pour vous une sœur... Mais vous avez été déloyal et infâme !... M. de Fridberg mort, vous avez brûlé l'unique preuve de son innocence pour qu'il fût impossible de réhabiliter sa mémoire... puis, pour mieux vous assurer l'impunité, vous m'avez entraînée ici, moi, seul témoin de votre crime, et vous m'y avez enterrée vivante. Toute faible, toute expirante que je sois, vous craignez encore qu'un dernier souffle m'échappe et vous accuse. Rassurez-vous ; encore quelques jours, et vous pourrez dormir en paix entre deux tombeaux.

D'OSBORN. Non, cette affreuse prophétie ne s'accomplira pas... j'effacerai les traces d'un passé funeste... Marie... Dieu pardonne... ne pardonnerez-vous donc pas ?...

MARIE. Dieu !... savez-vous quels rêves sa miséricorde daigne parfois m'envoyer... (*Elle se lève.*) Quand la fatigue ou l'épuisement de mes forces amène enfin le sommeil sur mes paupières... presque toujours Ernest m'appa-

raît... non pas couché dans son cercueil...
mais enchaîné dans le fond d'un noir cachot.
Je le vois luttant contre ses bourreaux... et
sa voix me crie : « Marie, Marie, espère, Dieu
nous voit. »

D'OSBORN, *à part.* Que dit-elle?

MARIE. Si ce rêve était un avertissement ;
si vous m'aviez trompé... si Ernest n'était
pas mort...

D'OSBORN. Plût au ciel!

MARIE. Si ce que vous m'avez dit est vrai,
si M. de Fridberg n'est plus, que pouvez-vous
craindre de moi?... pourquoi me retenir ici
prisonnière?... pourquoi m'interdire toute
correspondance?...

D'OSBORN. J'avais tort, Marie... mais,
d'ici à quelques jours, je vous rendrai cette
liberté après laquelle vous soupirez... si vous
le voulez même, vous pourrez faire un
voyage à Berlin, à Rittersdorf..

MARIE, *avec joie.* A Rittersdorf?... ai-je
bien entendu?... est-ce bien vous qui me
parlez ainsi?... Je reverrais Rittersdorf ..
Gertrude... (*A part.*) Ma fille... peut-
être...

D'OSBORN. A tout cela, Marie, je ne mettrai qu'une condition.

MARIE. Quelle est elle?

Ici la neige commence à tomber.

CHRISTINE, *venant de gauche.* Pardon,
madame... mais Burl et tout le monde là-bas
voudraient vous voir rentrer... le temps menace... le vent s'élève... et la neige commence à tomber...

Burll, les Paysans et les Soldats rentrent en scène.

D'OSBORN. Nous allons nous remettre en
route... enveloppez bien votre maîtresse.
(*Christine prend le manteau fourré et le
place sur les épaules de Marie.*) Nous
presserons le pas pour arriver au château
avant que la tempête éclate. (*A part.*) Elle
consentira.

Le cortége se remet en marche, on sort par la gauche. A
peine les personnages se sont-ils éloignés que la neige
tombe et que le vent souffle avec violence. Au milieu
de l'ouragan, on voit passer sur le pont, Stella, toujours
sous les habits de Tonio, mais déchirés, couverts de
neige ; elle se traîne avec peine jusqu'à la masure.

<hr>

SCÈNE VI.

STELLA, *appuyée à l'entrée.*

Je ne puis aller plus loin... faudra-t-il
donc mourir ici... j'ai si froid... si faim...
m'abandonnerez-vous , mon Dieu!.....
(*Apercevant le feu.*) du feu... Du feu!...
(*Elle court à la cheminée. Arrivée là elle
voit sur la table du pain oublié par les soldats.*) Du pain ! Merci, Seigneur, merci!...
(*Elle tombe à genoux , puis se relève et
mange avidement.*) Arriverai-je enfin jusqu'à toi, mon père... Encore un jour de
marche, m'a-t-on dit hier, et vous serez au
pied de la citadelle... j'ai marché toute la
nuit... tout le jour... et mes yeux n'ont rien
découvert à l'horizon... je suis encore bien
loin peut-être... je n'ai rencontré personne.
Cette masure , quoique ruinée, doit être habitée... attendons... quels que soient ceux
qui vont venir, ils auront pitié de moi... ils
me donneront un abri pour cette nuit... ils
m'indiqueront mon chemin... et demain, au
point du jour, je me remettrai en marche...
Dieu qui m'a secourue encore cette fois me
viendra en aide... il me donnera la force,
puisqu'il m'a donné le courage.

Elle est assise près de la table, elle mange. Pendant les
derniers mots de Stella, un jeune Paysan couvert d'un
manteau et portant un bâton, descend le sentier, puis
s'arrête à la vue de la masure. Ses vêtements sont
pauvres et sales , de longs cheveux rouges, crépus,
couvrent son front bas et déprimé; ses traits sont ceux
d'un idiot, son regard est louche et méchant.

<hr>

SCÈNE VII.

STELLA , HERMANN.

Stella tient à la main le flacon où est renfermé le cordial.
Elle n'a pas entendu venir Hermann, celui-ci, qui avait
déjà franchi le seuil, aperçoit Stella, et s'éloigne avec
la terreur d'un mendiant qu'on chasse d'ordinaire. Mais
il s'arrête pour mieux examiner celui qui l'a effrayé;
reconnaissant qu'il a affaire à plus faible que lui, il
reprend courage, s'approche de Stella, et voyant dans
sa main un flacon, qu'il suppose rempli d'eau-de-vie,
il le lui arrache.

STELLA, *poussant un cri.* Ah!.. *Elle se lève
effrayée[*].* (*Hermann prend sa place et porte
vivement le flacon à sa bouche. Regardant
Hermann.*) Quel est cet homme?... le maître
de cette masure, peut-être... Oui... c'est cela,
j'ai eu tort de m'effrayer... (*Elle se rapproche, puis s'arrête encore.*) Quel affreux regard... (*Timidement.*) Habitez-vous cette
chaumière? ou n'êtes-vous, comme moi,
qu'un pauvre voyageur? (*Hermann la regarde sans répondre.*) Si cette chaumière
est à vous, consentez-vous à m'y laisser re-
poser cette nuit?... (*Hermann rit d'un rire
sauvage. Stella est effrayée.*) Pourquoi ne me
répondez-vous pas? (*Hermann se lève et
cherche à lui faire comprendre qu'il est
muet.*) Muet!... (*Elle se rapproche.*) Oh!
le malheureux! (*Hermann lui raconte qu'il
s'est battu , que son adversaire lui a coupé*

<hr>

[*] Hermann, Stella.

la langue et que lui l'a tué.) Horreur ! (*Hermann rit de la terreur de Stella.*) Vous voyagez aussi... vous devez connaître le pays ? (*Hermann fait signe qu'il le connaît.*) Suis-je encore loin de la forteresse du Mont-des-Géants ? y pourrai-je arriver demain ? (*Hermann prenant Stella, lui montre les tours de la forteresse que l'horizon, moins chargé de nuages, laisse apercevoir.*) Là ?... c'est là ?... si près de moi !... O mon père !.. mon père !... (*Hermann lui fait signe que c'est à la citadelle qu'il doit se rendre.*) Vous aussi, vous allez à la citadelle. Oh ! sans doute vous avez là quelque parent qui souffre, et que vous allez voir et consoler ?... (*Hermann rit encore, et dit qu'il va à la forteresse pour être geôlier*) Vous allez là pour être geôlier !... (*Hermann paraît fier de cet emploi ; il fouille dans le sac de toile qu'il porte, en tire une lettre qu'il montre à Stella, puis il ôte ce sac et le pose sur la table.*) *Stella prend la lettre et lit.*) » Envoyez-moi mon filleul... ses mauvaises qualités lui ont fait obtenir d'avance la faveur de M. le gouverneur, et la première place vacante sera pour lui. Comme il doit être changé, laissez-lui cette lettre, qu'il me présentera en arrivant. « (*Hermann reprend la lettre qu'il va remettre dans son sac.*) Je savais bien que la Providence veillerait sur moi... ce guide que je lui demandais, le voilà... car devant vous les portes de cette citadelle inabordable pour tous vont s'ouvrir.... et vous me laisserez vous suivre, entrer avec vous... vous direz que je suis votre parent, votre ami. (*Refus d'Hermann.*) Oh ! vous ne me refuserez pas... quand vous saurez que j'ai fait seule, à pied, plus de cent lieues pour voir mon père... entendez-vous... mon père, qui est là prisonnier depuis quinze ans... Mon pauvre père, il a été condamné injustement... mais jeté, sans avoir été entendu, dans un noir cachot ; il n'a pu donner de son innocence des preuves qui existent peut-être, et que j'irai chercher, moi, fussent-elles au bout du monde... Il faut, avant tout, que je parvienne jusqu'à lui... aidez-moi seulement à pénétrer dans la citadelle... une fois là... je trouverai des prières et des larmes pour toucher les gardiens de mon père... Dieu m'inspirera, car il ne voudra pas laisser inachevée l'œuvre que j'ai commencée. (*Hermann refuse.*) Oh ! je vous supplie, au nom de l'humanité... au nom de votre mère... (*Hermann lui répond qu'elle est morte.*) Eh bien, moi aussi, j'ai perdu ma mère... moi aussi, je suis seule au monde... voyez, je suis à vos genoux... n'aurez-vous pas pitié de moi !... (*Hermann rit en voyant Stella pleurer à ses genoux, puis tout à coup ses traits changent d'expression, il montre à Stella une croix d'or qu'elle porte au cou et qu'il vient d'apercevoir. Cette croix... c'est le seul bien que ma mère m'ait laissé... depuis mon enfance cette croix ne m'a pas quittée... le froid, la misère, la faim, j'ai tout supporté plutôt que de la vendre... je vous la donnerai si vous me faites entrer dans la citadelle... (*Hermann hésite d'abord, puis il paraît concevoir un projet ; il tend la main à Stella en signe de consentement*) Vous consentez ?... Eh bien, partons. (*Hermann*° lui répond qu'elle est fatiguée.*) La fatigue... je ne la sens plus... venez. (*Hermann l'arrête encore en lui montrant que la nuit vient.*) Attendre !... attendre encore... mais demain, au point du jour, nous partirons, n'est-ce pas ?... (*Hermann, joyeux, ramène Stella à sa place ; il ranime le feu, puis l'engage à dormir.*) Dormir ? (*Hermann insiste : il lui faudra des forces pour le lendemain.*) Et vous ? (*Hermann prend son manteau qu'il jette à terre dans un coin à l'autre extrémité du théâtre et se jette dessus, en feignant bientôt de s'endormir.*) Il a raison... j'aurai besoin de forces pour demain. (*S'agenouillant devant le petit escabeau, et baisant sa croix d'or.*) Dernier souvenir de ma pauvre mère... je ne prierai plus avec toi... que deviendrai-je quand tu ne seras plus sur mon cœur ? O mon saint talisman, pour cette nuit encore protège-moi ! (*Elle porte sa croix à ses lèvres, prie à voix basse, puis laisse tomber sa tête sur l'escabeau et s'endort ; à ce moment Hermann se lève doucement, s'approche de Stella, et s'assure qu'elle est endormie. Il veut lui prendre sa croix, mais elle est attachée à son cou par une chaîne de cheveux... Comment faire ?... à la lueur du feu qui brille toujours, il aperçoit un couteau sur la table, il le prend et s'apprête à couper le cordon. A ce moment l'ouragan devient très-fort, le vent souffle ; éclairs, tonnerre ; un coup de vent plus violent que les autres fait battre avec violence le volet d'une fenêtre ; au bruit, Stella s'éveille, elle voit Hermann, debout devant elle et un couteau à la main. Stella jette un cri, Hermann résolu à tout avance la main pour saisir la croix.*) Misérable !... tu me trompais... tu voulais m'assassiner. (*Hermann veut la croix.*) Mon Dieu ! secourez-moi !

Elle veut fuir, Hermann la poursuit ; elle se dirige par la droite, vers le pont, Hermann gravit les rochers de gauche et arrive également sur le pont pour barrer le passage à Stella ; elle l'aperçoit et cherche à fuir, Hermann va la saisir, mais la foudre tombe, brise le pont, Hermann tombe dans le torrent. Stella épouvantée, vient tomber à genoux à l'entrée de la cabane.

* Stella, Hermann.

Second Tableau.

La chambre occupée par Ernest dans la citadelle. On voit la muraille humide et nue. A gauche, dans un pan coupé, une fenêtre étroite, fermée par d'épais barreaux, et à laquelle on arrive en montant trois marches. A droite aussi, dans un pan coupé, la porte d'entrée, garnie de larges bandes de fer. Au fond, entre la fenêtre et la porte, une demi-alcôve et un lit; au fond de l'alcôve, une tapisserie cache le mur; près de cette alcôve, une chaîne de fer pend à la muraille. Près de la fenêtre, à gauche du spectateur, à l'avant-scène, un bahut: près du bahut, un siége en bois. A droite, en face du bahut, une cheminée; près de la cheminée, un vieux fauteuil; tout cet intérieur est sombre et froid.

SCENE PREMIERE.

Au lever du rideau, le lit est tiré hors de l'alcôve, la tapisserie est soulevée et derrière cette tapisserie on aperçoit une porte en fer perdue dans la muraille. Ernest à genoux travaille à démonter et à scier les gonds de cette porte ; une petite lampe qui l'éclairait est près de s'éteindre ; mais à travers la croisée, les premiers rayons du jour viennent éclairer l'intérieur de la prison.

ERNEST DE FRIBERG.

ERNEST, *s'arrêtant.* Déjà le jour ! l'heure de la première ronde va sonner..... il faut quitter le travail... et surtout ne pas laisser de traces. (*Il replace avec soin la tapisserie, pousse le lit dans l'alcôve, puis dans la paillasse de son lit cache la lime et ses autres instruments ; il s'arrête tout à coup.*) N'ai-je pas entendu... oui... on vient ici. (*Il éteint sa lampe, se jette sur son lit tout habillé, puis écoute.*) Je me trompais... c'est le pas de la sentinelle. (*Il se lève, le jour est tout à fait venu. Ernest va à la fenêtre.*) Le soleil est levé , de ses premiers rayons il éclaire la toiture du donjon... mais il ne descend jamais jusqu'à ces affr euxbarreaux, que baigne l'eau froide et bourbeuse du fossé. (*Il prend dans la cheminée un charbon et fait une marque dans l'embrasure de la fenêtre.*) Encore un jour à vivre, à souffrir ici... et ce jour complétera la seizième année de ma captivité ! Seize années... les plus belles de la vie... seize années dans ce cachot, dans cette tombe d'où nulle plainte ne peut sortir, où nulle voix amie n'arrive. Et pourtant, Seigneur, je n'ai jamais désespéré... innocent et victime d'une calomnie infâme , j'ai cru au jour de la justice , de la réhabilitation. Douter de l'avenir n'eût-ce pas été douter de vous, mon Dieu? J'ai supporté en chrétien l'épreuve que vous m'aviez imposée , et votre divin regard s'est un jour abaissé sur le pauvre prisonnier ; pour instrument votre miséricorde a daigné prendre l'homme que mes ennemis avaient choisi pour en faire mon geôlier. Un soir cet homme écouta la prière que je vous adressais, puis, se penchant vers moi me dit à voix basse : Courage et discrétion , dans quelques jours votre martyre finira, dans quelques jours vous serez libre.

Libre !... je reverrais Marie ! et mon enfant... Marie ! Stella , anges de consolation... bonheur de mes rêves... qu'êtes-vous devenues ?... Marie, tu n'as pu me croire coupable... tu as conservé saintement mon souvenir, et sur notre fille tu as concentré tout notre amour.... Oh ! les revoir, mon Dieu ! les revoir... et la mort me trouvera calme et résigné. (*On entend sonner une cloche éloignée.*) Sept heures !... Firbach devrait être descendu depuis longtemps... hier aussi je l'ai vainement attendu toute la journée... aurait-on découvert notre projet d'évasion ?.... non.... on serait déjà venu m'arracher les outils que Firbach m'a procurés. Il est malade plutôt... et pour ne pas révéler mon existence qu'on, cache à tout le monde ici, on n'ose confier à aucun autre le soin de m'apporter la misérable nourriture qu'on me jette...... ils me laisseront mourir ainsi peut-être...... Mourir ! oh ! il me reste assez de force pour renverser le dernier obstacle qui s'oppose encore à ma fuite. A défaut de Firbach , mon courage et ma prudence me guideront... Oui , demain... mes ennemis m'auront tué, ou j'aurai retrouvé les deux premiers biens , les deux trésors que Dieu donne aux hommes: le soleil et la liberté... On descend l'escalier... on marche dans le corridor... et ces pas ne sont point ceux de Firbach.

Il va s'asseoir près du bahut.

SCENE II.

ERNEST, D'OSBORN , BURL.

BURL. Diable ! il fait froid ici.

D'OSBORN, *s'arrêtant sur le seuil de la porte.* Silence !

ERNEST. Quels sont ces hommes ?

BURL. Il a bien mauvaise mine, le prisonnier mystérieux...

D'OSBORN, *à part, regardant autour de lui.* Il a pu vivre ici seize ans !...

ERNEST. Qui êtes-vous ?.... que voulez-vous de moi ?

D'OSBORN. Je suis le comte d'Osborn, gouverneur de cette citadelle.

ERNEST. D'Osborn... oui... je me souviens... (*Se levant.*) c'est vous que j'ai aperçu la nuit de mon arrivée ici... et depuis ce temps j'ai vainement demandé à vous voir , à vous écrire...

D'OSBORN. Les ordres que j'avais reçus étaient tellement sévères, tellement précis, qu'il ne m'était possible d'apporter aucun adoucissement à votre situation ; dès lors toute entrevue, toute correspondance était inutile. Burl, examinez bien tout ici *.

BURL. La visite ne sera ni longue ni difficile.

Burl fait la visite du cachot, examine le conduit de la cheminée, sonde les murailles et secoue les barreaux.

D'OSBORN. Vous allez changer de gardien, monsieur.

ERNEST. Firbach...

D'OSBORN. Attaché particulièrement à votre personne, séparé de tous les autres habitants de la citadelle, Firbach ne devait sortir d'ici qu'avec vous si le roi vous daignait faire grâce, ou derrière votre cercueil si Dieu vous rappelait. La patience lui a manqué, il a voulu en finir avec cette captivité à laquelle il s'était autrefois et volontairement condamné ; de plus, il a songé à mettre à profit son projet d'évasion et vous a proposé de fuir avec lui, certain que vous payeriez sa trahison plus chèrement que je ne payais, moi, sa fidélité.

ERNEST. Firbach est innocent !

D'OSBORN. Surpris au milieu de ses préparatifs , Firbach a tout avoué.

ERNEST. Oh ! monsieur, ne rendez que moi responsable de ce projet d'évasion, que seul j'avais conçu. Ordonnez qu'on me charge de chaînes , faites-moi descendre plus avant encore dans les entrailles de la terre, mais n'empoisonnez pas de remords les derniers jours qui me restent à vivre, ne faites pas rejaillir sur moi le sang du malheureux que j'ai perdu : s'il vous faut ma vie pour racheter la sienne , dites un mot , et là , sous vos yeux , je me briserai le front contre ces murailles... Pour moi je n'aurais jamais demandé ni grâce ni pitié, mais pour Firbach, monsieur, je vous prie, je vous prie à genoux...

D'OSBORN. Gardez vos prières, monsieur, pour le repos de l'âme du condamné ; c'est aujourd'hui que doit s'exécuter son arrêt !

ERNEST. Aujourd'hui ?...

D'OSBORN. A deux heures.

ERNEST. Oh ! c'est horrible ! la mort ne viendra-t-elle donc pas aussi pour moi !

Il tombe sur le vieux fauteuil près de la cheminée.

D'OSBORN, à Burl. Eh bien !

BURL. Pas le plus petit trou..... tous les barreaux sont à leur place. (A mi-voix.) Firbach comptait prendre le grand escalier du donjon.

D'OSBORN, à part. Mais le haut de cet escalier

* Burl, d'Osborn, Ernest.

gardé par un poste. Ce Firbach avait-il donc des intelligences dans la garnison? Oh ! je le verrai encore une fois, et je saurai bien lui arracher la vérité tout entière. (A Burl.) Va maintenant.

BURL. Oui, gouverneur. (A part.) Décidément, c'est ici que je voudrais voir Clakmann.

Il sort.

D'OSBORN. Ne vous en prenez qu'à vous, monsieur de Fridberg, du surcroît de précautions que je vais ordonner. Toutes les serrures vont être changées, les postes doublés ; il ne vous sera plus donné de feu ni de lumière, votre nouveau geôlier sera surveillé tout autant que vous-même. Son idiotisme presque sauvage ne comprendra d'ailleurs ni vos plaintes ni vos supplications. Enfin, s'il peut vous entendre il ne pourra pas vous répondre, car il est mute.

SCENE III.

LES MÊMES, STELLA, *avec le manteau et le bonnet d'Hermann.*

BURL, *entrant le premier.* Ne descends donc pas si vite, tu vas te casser le cou.

Stella paraît, Burl la fait passer devant lui; à la vue du prisonnier, Stella fait un mouvement qu'elle réprime aussitôt.

D'OSBORN*. Approche, voilà le prisonnier sur lequel tu devras veiller jour et nuit. Tu as reçu déjà toutes mes instructions, songe que la plus légère infraction est ici punie comme un crime. A la moindre alerte (*allant à la chaîne de fer*) tu tirerais cet anneau, la cloche d'alarme retentirait et on viendrait à ton aide. (*A Fridberg.***) Vous ne serez plus seul une minute, monsieur ; ce garçon ne quittera plus votre chambre, des factionnaires vont être placés jusque sur les marches de cet escalier. Vous voyez que toute tentative nouvelle serait folle. Vous me reverrez encore une fois aujourd'hui à deux heures.

Il sort avec Burl, on entend les verroux se fermer sur eux.

SCENE IV.

STELLA, ERNEST.

Ernest est resté sourd et insensible à tout ce que lui a di d'Osborn, il n'a pas quitté la position qu'il avait prise les derniers mots seulement l'ont frappé.

ERNEST. Aujourd'hui à deux heures! (*Stella, qui s'était assise sur les marches placées devant la croisée, écoute au fond pour s'assurer que d'Osborn et Burl s'éloignent, puis elle*

* D'Osborn, Stella, Burl, Ernest.
** Stella, d'Osborn, Burl, Ernest.

revient et regarde Ernest, elle semble comprendre en un instant tout ce qu'il a dû souffrir. Il se lève.) Oui, ce moment sera celui du supplice de Firbach... De Firbach que je tuerai, moi, par la main du bourreau.. *(Traversant la scène.)* Non, barbares, je ne vous donnerai pas le spectacle de mon désespoir... Au lieu d'un cadavre vous en aurez deux à mettre aux pieds de Frédéric. La mort, c'est aussi la liberté, et je puis mourir... Mourir par un suicide... par un sacrilège... O mon Dieu ! l'épreuve que vous m'envoyez est au-dessus de mes forces... Mon Dieu, préservez-moi du blasphème et du désespoir !

Il tombe accablé sur la chaise! placée près du bahut; Stella s'approche de lui, s'agenouille et dit d'une voix douce.

STELLA. Oui, mon Dieu, donnez-lui le courage de la résignation !

ERNEST, *la regardant avec surprise.* Qui es-tu donc, toi, qui pries pour moi ?

STELLA, *plus bas.* Votre nouveau gardien.

ERNEST. Toi, dont le cœur devait être sourd à la pitié, dont la bouche était muette, me disait-on ? Ce gouverneur me trompait donc encore ?

STELLA. Non... il me croit muet... C'est moi qui l'ai trompé.

ERNEST. Pourquoi ?

STELLA. Pour vous sauver.

ERNEST. Me sauver ! Mais qui a pu t'inspirer un semblable dessein ?

STELLA. Mon cœur.

ERNEST. Tu ne me connaissais pas ? Qui t'envoie ?

STELLA. Personne.

ERNEST. D'où viens-tu ?

STELLA. De bien loin.

ERNEST. Et qui t'a fait pénétrer dans cette forteresse ?

STELLA. Un miracle.

ERNEST, *se levant.* Cher enfant, qui que tu sois, je te bénis... et je t'aime; mais je ne te laisserai pas pousser plus loin ta périlleuse entreprise, je ne laisserai pas se dresser de nouveau pour toi l'échafaud de Firbach, tu renonceras à ton généreux dessein.

STELLA. Jamais.

ERNEST. N'as-tu pas entendu cet homme tout à l'heure ? il te condamnerait comme il a condamné Firbach, il te tuerait comme il va le tuer.

STELLA. Je vous dis que je suis venue ici pour vous sauver ou mourir.

ERNEST. Si ce n'est pas Dieu qui t'a choisi parmi ses anges, c'est une femme qui t'envoie... Et cette femme, c'est Marie de Rittersdorf.

STELLA. J'entends prononcer ce nom pour la première fois, j'ignorais même le vôtre il y a deux mois... Je vivais heureuse et calme au fond de la Poméranie, quand tout à coup la sainte mission que je devais accomplir me fut révélée. Pour toute famille je n'avais qu'une digne femme qui m'appelait sa fille. Cette femme m'apprit un jour qu'elle n'était pas ma mère, qu'elle avait adopté la pauvre Stella.

ERNEST. Stella !.. Stella !..

STELLA. Ce nom...

ERNEST. Tu ne sais pas quel souvenir il réveille. Ce nom est celui qui revient sans cesse à ma pensée, sur mes lèvres; tu le trouveras gravé mille fois sur ces tristes murailles. Stella... c'est mon enfant, ma fille, entends-tu bien ? C'est le secret de ma résignation, de mon courage. C'est l'espoir de ma captivité. Dieu, qui m'a fait père, ne peut me laisser mourir sans que j'aie vu mon enfant, ne fût-ce qu'une fois, pour tout ce que j'ai souffert ; Dieu me donnera l'ineffable bonheur d'embrasser, de bénir ma fille. Oh ! je crois à ce bonheur, j'espère cette joie, car Dieu est juste et bon.

STELLA, *tombant à genoux.* Oui, Dieu est juste et bon, remerciez-le, mon père, et bénissez votre enfant.

ERNEST. Oh ! regarde-moi, parle-moi, car ma raison s'en va. Tu te nommes Stella, c'est un jeu du hasard, de la Providence... Mais tu n'as pas dit... je n'ai pas entendu... j'étais fou... et pourtant tu pleures, tu m'embrasses.

STELLA. Mon père !

ERNEST. Ma fille ! ma fille ! *(il l'embrasse.)* Quelle autre aurait pu se dévouer ainsi?... Ma fille ! oh ! laisse-moi te regarder, laisse-moi baiser ton front, tes mains... Oh ! oui, te voilà bien telle que je te voyais dans mes rêves. Oh! non, tu es plus belle encore ! Qu'as-tu, grand Dieu ! tu pâlis... tu chancelles.

STELLA. Rassurez-vous... je ne souffre pas... Mais tant d'émotions... je suis si heureuse !

ERNEST, *la faisant asseoir près du bahut.* Place-toi là, mon enfant, tes mains sont glacées, et je n'ai que mes baisers et mes larmes... En agitant cette cloche on viendrait,

STELLA, *le retenant.* Qu'allez-vous faire ?

ERNEST. Appeler du secours.

STELLA. Oh ! vous nous perdriez tous deux. Pour tout le monde ici, je suis Hermann le muet, Hermann l'idiot. Oh ! rassurez-vous, *(se levant)* je suis courageuse et forte. Si vous m'avez vue faible devant le bonheur, le danger me rendra toute mon énergie.

ERNEST. Dévouement sublime !

STELLA. Qu'ai-je donc fait que toute autre n'eût tenté à ma place ? En m'apprenant le secret de ma naissance, on me dit : Ton père existe, il languit depuis seize ans dans une prison d'état ; il était innocent, et on l'a jeté dans un cachot sans l'entendre. Je me suis souvenue alors d'une pauvre jeune fille qui, sans appui, sans argent, sans ressources, avait fait à pied deux cents lieues pour venir au secours de son père. Comme elle, j'ai mis ma confiance en Dieu, et je suis arrivée. Elle a arraché son père à la mort ; moi, je briserai vos chaînes.

ERNEST. Oui, Dieu achèvera son œuvre, nous sortirons tous deux de cet enfer, et pour récompenser ton admirable courage, je te donnerai plus que mon amour, plus que ma bénédiction... Enfant, mon cœur me le dit, je te rendrai ta mère !

STELLA. Ma mère !

ERNEST. Oui, ta mère, à laquelle on t'a enlevée sans doute, ta mère qui nous pleure et nous aime. Demain, Stella, demain nous serons libres. Depuis trois mois je travaillais jour et nuit à me frayer une route. J'avais appris par Firbach qu'au fond de cette alcôve, derrière un mur épais, devait se trouver une porte en fer ; cette porte ouvrait autrefois sur un escalier dérobé conduisant à une partie du château habitée seulement par des femmes. De ce côté, la surveillance est presque nulle, car tout le monde ignore que cette communication existe entre les cachots et les étages supérieurs. A l'aide d'instruments que m'avait fournis Firbach, je suis parvenu à détruire la muraille qui défendait la porte. Chaque soir Firbach emportait avec lui quelque pierre réduite en poudre, enfin la porte de fer fut découverte ; tiens, la voilà. (*Tout en parlant il a retiré le lit, la tapisserie, et montre la porte.*) Cette tapisserie, qu'on n'a pas songé à soulever, recouvre et cache l'ouverture que j'ai pratiquée. (*Il tire du matelas quelques outils.*) Avec ces outils, tout faibles qu'ils étaient, j'ai renversé cette épaisse muraille. Avec cette lime j'ai coupé les gonds de cette porte. Encore quelques heures de travail et cette porte tombera à son tour. Firbach devait me guider au sortir de cette chambre. (*Il remet les outils sous les matelas.*) Arrivés sur le parapet, une corde faite avec la toile de mes draps et la laine de mes matelas devait nous aider à descendre dans les fossés ; une fois là, disait-il, nous étions sauvés.

STELLA. Et cette corde ?

ERNEST, *avançant le bahut et tirant la corde cachée derrière.* La voilà !

STELLA. Ecoutez.

On entend un roulement de tambour.

ERNEST. Pourquoi ce bruit ?

STELLA. Il est deux heures peut-être.

ERNEST. Deux heures... et Firbach...

STELLA. Silence ! on vient ! Du courage, mon père ; cette épreuve sera la dernière.

ERNEST. Si on venait nous séparer. Oh ! que je t'embrasse encore une fois.

Stella se jette dans les bras de son père, puis s'en éloigne brusquement et reprend aussitôt sa physionomie et l'attitude qu'elle avait en arrivant. Elle se place près de la cheminée.

SCENE V.

LES MÊMES, D'OSBORN, BURL, DEUX SOLDATS *qui restent en dehors*.

D'OSBORN. Au nom du roi, monsieur, remettez-moi les instruments que le traître Firbach vous avait fournis, et qui devaient assurer votre évasion.

ERNEST, *assis près du bahut.* Grand Dieu !

Stella reste immobile.

D'OSBORN. Toute hésitation, tout refus serait inutile. Firbach, à la vue de l'échafaud, a voulu racheter sa vie... il a déclaré vous avoir remis, il y a trois jours... des outils que vous avez cachés ici.

ERNEST, *à part.* Trois jours !...

D'OSBORN. Vous refusez de me les livrer ? (*A Burl et aux autres.*) Il me les faut !. renversez, brisez tout.

BURL. Cette fois-ci j'y regarderai de plus près.

Burl et un Soldat tirent le lit et vont mettre la tapisserie à découvert, lorsque Stella, qui craint qu'on ne découvre la porte cachée par la tapisserie, s'élance, repousse le Soldat, passe entre le mur et le lit, jette la couverture et le matelas, fouille dans la paillasse.

BURL. Peste ! quelle ardeur il met à chercher. (*Stella découvre et montre à tous les yeux les outils. Burl s'en empare.*) Ma foi, il a senti la cachette.

ERNEST. *à part.* Qu'a-t-elle fait ?

D'OSBORN. Firbach avait dit vrai ; mais son aveu tardif ne le sauvera pas.

Il monte deux marches et fait un signe à travers les barreaux, on entend un second roulement de tambour.

ERNEST. Quel ordre avez-vous donné ? et qu'annonce ce bruit ?

D'OSBORN. Ce bruit m'apprend que justice est faite.

ERNEST. Firbach !...

BURL, *faisant le signe d'être pendu.* Est en route pour l'éternité. (*A Stella, qui a frémi.*) Tiens, petit. (*Allant à la croisée.*) Regarde un peu là-haut, sur le parapet, voilà

* Ernest, d'Osborn, Burl, Stella.

le chemin qu'on te fera prendre à la première occasion.

Stella s'éloigne de Burl.

D'OSBORN, *lui indiquant la fenêtre.* Approche, et regarde.

Stella hésite.

ERNEST, *à d'Osborn.* Oh! c'est trop de
cruauté!...

Stella, devinant le mouvement d'Ernest, l'arrête d'un
regard, puis rassemblant tout son courage, elle monte
deux marches avec assurance et regarde[*].

BURL, *le regardant dans les yeux.* Il n'a
pas bronché, ça fera un geôlier modèle. (*Traversant la scène, et allant parler aux deux
soldats restés à la porte.*) Il a regardé partir
Firbach comme j'aurais regardé filer Clakmann.

D'OSBORN. Bien que vous n'ayez pas eu le
temps encore de vous servir de ces instruments, ce cachot n'est plus assez profond,
assez obscur. Demain on vous fera descendre
plus avant encore dans les souterrains. (*A
Stella.*) Quant à toi, songe à Firbach, et sou-
viens-toi de ce que tu as vu.

Il sort avec Burl et les Soldats.

[*] Burl, Stella, d'Osborn, Ernest.

SCENE VI.

A peine la porte est-elle refermée que Stella, restée
jusqu'à ce moment près de la fenêtre, chancelle.

ERNEST, STELLA.

ERNEST, *courant à elle.* Malheureuse enfant! éloigne-toi de cet affreux spectacle.
Oh! que tu as dû souffrir! Comment ne t'es-
tu pas trahie?

STELLA. Je songeais à vous, et je priais
pour lui.

ERNEST. Infortuné! en me perdant, il n'a
pu sauver sa vie. Ces instruments que tu as
livrés...

STELLA. Un seul vous était indispensable,
mon père; j'ai livré tous les autres pour leur
dérober celui-là.

Elle tire une lime de la manche de son habit.

ERNEST. Cette lime?

STELLA, *avec exaltation.* Au travail,
mon père!

ENSEMBLE. Au travail!

Ils retirent le lit, soulèvent la tapisserie et à genoux tous
deux scient les gonds de la porte.

ACTE TROISIÈME.

Une salle faisant partie du logement du gouverneur. Style gothique, meuble sévère. Au fond, porte conduisant au grand escalier ; à gauche, porte conduisant dans l'appartement de Mme d'Osborn ; à droite, porte conduisant dans les appartements; ces trois portes sont garnies de verroux. Au fond, dans l'angle à gauche, grande croisée à balcon. A droite, au premier plan, petite porte perdue dans la boiserie; près cette petite porte, un grand canapé placé en face du public. A gauche, à l'avant-scène, une table, plumes, encre, papier, sonnette.

SCENE PREMIERE.

MARIE, *seule, assise sur le canapé.*

Toujours ce ciel sombre et froid, toujours cet horizon triste et désert !... Quand donc quitterai-je cette demeure où j'ai tant souffert, où j'ai tant pleuré? D'Osborn tiendra-t-il sa promesse... reverrai-je Berlin? Berlin, où je pourrai prononcer le nom de Fridberg... où la main d'un ami me montrera sa tombe! De Rittersdorf, où d'Osborn a promis de me conduire, pourrai-je, en trompant sa surveillance, courir à Ossenbach? c'est là que Gertrude avait caché ma fille... ma Stella, qui se croit oubliée, orpheline... car pour ne pas l'exposer à la haine de d'Osborn, j'ai dû me condamner au plus absolu silence. Tous mes serviteurs étaient vendus à cet homme... Christine seule a paru prendre pitié de moi... mais son dévouement est-il sincère.

SCÈNE II.

MARIE, CHRISTINE.

CHRISTINE, *entrant vivement par le fond.* Victoire, madame, victoire, nous partons dans trois jours.

MARIE. Trois jours!

CHRISTINE. Oui, madame, nous allons dire adieu aux ponts-levis, aux herses, aux contrescarpes... nous allons respirer le grand air. Pour ma part, j'étouffais dans ce château comme dans une armoire.

MARIE. Comment savez-vous ?

CHRISTINE. Je viens d'entendre le docteur dire à monsieur d'Osborn, en le quittant : L'air natal peut seul sauver la comtesse; conduisez-la à Rittersdorf, et je vous réponds d'elle. Là-dessus, monsieur votre mari a dit : Elle partira dans trois jours. Une fois sorties d'ici, et pour n'y plus revenir, j'espère, nous retrouverons à Rittersdorf, vous, la santé, le calme ; moi, la gaieté. On m'appelait autrefois l'alouette du pays, mais l'alouette ne chante pas en cage... et je crois que j'aurais fini par devenir muette ici.

MARIE. Avez-vous donc habité Rittersdorf?

CHRISTINE. Non, madame, j'avais là un vieil oncle que j'allais voir souvent. Je suis née au petit village d'Ossenbach.

MARIE. D'Ossenbach ?

CHRISTINE. A deux lieues de Rittersdorf.

MARIE. Dites-moi... à quelle époque avez-vous quitté ce village ?

CHRISTINE. Tiens, vous connaissez mon pays? c'est grand comme la main, mais c'est gentil à mettre sous verre.

MARIE. Répondez-moi.

CHRISTINE. Je suis partie pour Berlin avec mon père, il y a bien douze ans. J'étais encore petite fille, mais déjà rondelette; aussi, le dimanche, les garçons commençaient à me regarder... je ne savais pas encore pourquoi; mais c'est égal, ça me faisait déjà plaisir.

MARIE. Avez-vous connu là une bonne, une excellente femme, nommée Gertrude Buklau?

CHRISTINE. Je crois me rappeler que bien longtemps avant mon départ d'Ossenbach il y avait une dame Gertrude qui habitait toute seule une petite maison à volets verts, où personne n'entrait jamais.

MARIE. Oh! souvenez-vous bien, cette femme ne devait pas être seule.

CHRISTINE. Vous avez raison... elle avait avec elle une nourrice... un enfant.

MARIE. Une petite fille...

CHRISTINE. Oui, et qu'on appelait...

MARIE. Stella.

CHRISTINE. Stella... oui, c'est bien ce nom-là... et la petite fille était jolie.

MARIE. Tu l'as vue ?

CHRISTINE. Je l'ai même embrassée.

MARIE. Tu l'as embrassée, toi! Oh! ma bonne Christine, (*elle l'embrasse*) si tu savais le bien que tu me fais.

CHRISTINE. Mon Dieu, madame, vous voilà toute en larmes.

MARIE. Oh! parle-moi de Gertrude, de cette enfant, surtout.

D'OSBORN, *entrant par le fond et parlant à la cantonade.* Burl !

MARIE. D'Osborn.

D'OSBORN. Quand le notaire que j'ai fait appeler se présentera, tu viendras m'avertir.

MARIE, *à Christine.* Plus un mot... mais

quand je serai seule tu reviendras... tu reviendras *.

D'Osborn entre et du geste renvoie Christine; celle-ci va sortir, d'Osborn la retient.

D'OSBORN. Christine, vous êtes une servante fidèle, dévouée à votre maîtresse... je m'en souviendrai.

CHRISTINE, *s'éloignant, et à part.* Décidément, il n'est plus reconnaissable; c'est égal, il doit y avoir de bien longues griffes sous ses grosses pattes de velours.

Elle sort par le fond. Marie va s'asseoir près de la table.

SCÈNE III.

MARIE, D'OSBORN.

D'OSBORN. Marie, ainsi que je vous l'avais promis, dans quelques jours vous quitterez la forteresse... Une voiture, des chevaux sont commandés, et Burl a reçu l'ordre de vous conduire à Rittersdorf... Je ne pourrai vous accompagner. (*Mouvement de Marie. Après un silence.*) L'électeur de Bavière vient de mourir sans laisser d'héritier direct; Joseph II se prépare à envahir ses états, mais Frédéric n'a pu consentir à laisser s'accroître la puissance de l'Autriche, et la guerre est déclarée. Malgré ses soixante-six ans, le roi veut se montrer encore à ses vieux soldats, il vient d'établir son quartier général en Silésie, et mon devoir m'appelle auprès de lui. J'espère obtenir le commandement d'un de ses corps d'armée. La guerre sera, dit-on, poussée avec vigueur, et la mort m'attend peut-être sur le premier champ de bataille. (*Nouveau silence. Marie n'a point regardé d'Osborn.*) Avant de me séparer de vous, pour toujours, sans doute, j'ai dû prendre quelques dispositions qui ont besoin d'être approuvées par vous. Le contrat qui nous unit et dont toutes les clauses furent dictées par le roi lui-même, laisse à chacun de nous la libre disposition de ses biens. Pour détruire l'effet de ce contrat, pour vous pouvoir laisser tout ce que je possède, j'ai fait dresser un acte qui vous assure, après moi, ma fortune tout entière.

MARIE, *froidement.* Vous n'avez pu croire que j'accepterais...

D'OSBORN, *vivement.* Oh! j'avais deviné que vous ne voudriez rien me devoir... aussi, pour triompher de votre dédaigneux refus, j'ai fait faire un acte de donation mutuelle. (*Ici Marie regarde d'Osborn.*) Cette convention qui nous donne à chacun les mêmes droits vous dispense de toute gratitude, de toute reconnaissance.

MARIE. A la bonne heure; je commence à vous comprendre.

* Marie, d'Osborn, Christine.

D'OSBORN, *vivement.* Et vous n'hésiterez plus à mettre votre signature sur ce parchemin, qui, vous le voyez, porte déjà la mienne.

MARIE, *le regardant en face.* Je suis donc bien près de mourir?

D'OSBORN. Que dites-vous?

MARIE, *se levant.* Je dis que vous avez mal attaché votre masque et qu'il vient de tomber. Je ne signerai pas cet acte.

*Elle passe devant d'Osborn et gagne la droite *.*

D'OSBORN, *se contenant.* Songez-y, madame, après l'indigne soupçon que vous avez pu concevoir, refuser votre signature serait un insupportable outrage.

MARIE. Je ne signerai pas.

D'OSBORN, *se contenant à peine.* Marie, ne comprenez-vous donc pas tout ce que votre persistance aurait de pénible, de blessant pour moi?

MARIE. Ne composez plus votre voix et votre visage, monsieur, ne contenez plus le dépit furieux qui vous déchire le cœur. Ne savons-nous pas bien l'un et l'autre que vous me détestez autant que je vous hais. Vous avez appris par votre médecin que ma lente agonie approchait de son terme, alors vous vous êtes souvenu que ma mort vous enlevait cette fortune, que vous aviez payée de votre honneur et du salut de votre âme. Pour ressaisir cette fortune qui vous échappait, vous avez joué une misérable comédie dont le dénoûment, vous le voyez, ne sera pour vous qu'une honte de plus.

D'OSBORN. Prenez garde, si vous croyez m'avoir deviné, vous devez savoir, alors, qu'il vous faudra m'obéir. Vous me connaissez, Marie, et vous vous souvenez d'Ernest de Fridberg.

MARIE. C'est parce que je vois sans cesse le cadavre d'Ernest entre nous deux, c'est parce que je vous connais que je vous méprise et que je vous brave.

D'OSBORN. Prenez cette plume et signez.

MARIE. Jamais!

D'OSBORN, *lui prenant la main et l'attirant violemment vers la table.* Signez, vous dis-je!

MARIE. Misérable! porter la main sur une femme, cette lâcheté vous manquait encore.

D'OSBORN, *avec force.* Cette main signera, ou je la briserai.

MARIE. Assassin! vous me tuerez, mais j ne déshériterai pas mon enfant!

D'OSBORN, *reculant.* Qu'entends-je?

MARIE. Est-ce que je vivrais encore si je n'étais pas mère?

Elle tombe sur le fauteuil. Christine paraît au fond.

* D'Osborn, Marie.

SCÈNE IV.

LES MÊMES, CHRISTINE.

CHRISTINE. Pardon... le notaire est en bas, et... Oh! mon Dieu! comme madame est pâle. (*Elle court à Marie.*) Elle se trouve mal.

D'OSBORN. Oui, une crise subite... secourez-la. (*Regardant Marie.*) Imprudente! tu payeras cher l'aveu qui vient de s'échapper de tes lèvres. Plus que jamais maintenant il me faut cette signature... à tout prix... je l'aurai.

Il sort par le fond.

CHRISTINE. Eh ben... il s'en va.... il me laisse là toute seule... impossible de quitter cette pauvre dame pour aller chercher du secours.

MARIE, *avec égarement.* Oh! défendez-moi, défendez-moi!

CHRISTINE. Elle parle, ça va mieux.

MARIE, *avec égarement et traversant la scène.* Il n'est plus là, fuyons.

CHRISTINE, *la retenant.* Madame....

MARIE. Oh! tu ne me trahiras pas... tu me laisseras partir...

CHRISTINE. Où voulez-vous donc aller?

MARIE. A Ossenbach, près de ma fille, car Stella, cet enfant... c'est le mien.

CHRISTINE. Le vôtre!

MARIE, *revenant à elle.* Malheureuse! qu'ai-je dit!... Ah! j'étais folle! Christine... oublie ce que tu viens d'entendre. Par l'âme de ta mère... jure-moi de ne répéter à personne ce secret que j'ai tenu caché seize ans. Ne dis pas à d'Osborn que ma fille est à Ossenbach, il irait la tuer.

CHRISTINE. Quelle horreur!

MARIE. Tout à l'heure, il a voulu me contraindre à signer la ruine de mon enfant.... Je résistais, tiens, regarde... (*Elle montre son bras meurtri.*) Oh! mais je n'ai pas signé, je n'ai pas signé!

CHRISTINE. Oh! le monstre!

MARIE. Et ne pouvoir franchir ce cercle de murailles dans lequel il me tient enfermée! ne pouvoir m'aller jeter aux pieds de Frédéric... Il me protégerait, il défendrait ma fille, lui!...

CHRISTINE. On dit que le roi est à son quartier-général de Terchen, à six lieues d'ici... écrivez-lui.

MARIE. Qui osera se charger de ma lettre?

CHRISTINE. Moi!

MARIE. Toi, Christine?

CHRISTINE. Oui, ma bonne maîtresse, ayez confiance en Christine, ne pleurez plus, Allez écrire au roi, et ne vous inquiétez pas du reste.

MARIE. Comment sortiras-tu d'ici?

CHRISTINE. Rien de plus facile. Je me ferai renvoyer.

MARIE. Aujourd'hui?

CHRISTINE. Tout à l'heure, hâtez-vous.

MARIE. Quel moyen emploieras-tu?

CHRISTINE. J'en aurai trouvé dix quand vous reviendrez, allez, allez vite.

Marie rentre par la porte à gauche.

SCÈNE V.

CHRISTINE, *seule.*

Pour cette pauvre dame à présent j'irais au bout du monde, et Terchen n'est qu'à six lieues. Une fois hors d'ici je prends mes jambes à mon cou, et ce soir j'arrive au quartier-général; les grenadiers ne me font pas peur, je m'adresse au plus grand, je lui demande : Sa Majesté le Roi, s'il vous plaît. Plus les grenadiers sont grands. plus ils doivent être aimables; celui-là me prend sous le bras et me mène au vieux Frédéric. Je fais la révérence, je deviens rouge et je donne ma lettre. Après l'avoir lue, le roi monte à cheval, sa cavalerie me prend en croupe, nous arrivons ici, et nous faisons pendre le gouverneur. Ça ne peut pas finir autrement... Mais je dois commencer par me faire chasser, et pour en arriver là, il me faudrait... (*Jobin entre par la porte à droite.*) Ah! monsieur Jobin!

SCÈNE VI.

CHRISTINE, JOBIN, *entrant par la porte à droite; il porte sur son épaule plusieurs bûches attachées avec une corde; il tient à la main une petite hache.*

JOBIN, *laissant tomber les bûches et la hachette.* Christine! je savais bien que je la trouverais.

CHRISTINE. Vous dans la citadelle.... Comment y êtes-vous entré?

JOBIN. Par la grande porte. Quand j'ai vu que mon gros Prussien se moquait de moi, je me suis dit : Je me passerai de lui. Hier j'ai gagné, enjôlé, suborné un honnête homme de peine qui, employé ici tous les samedis à fendre le bois, a consenti à me louer pour un jour sa hachette vingt écus. Après bien des *si*, des *mais*, je suis entré. Ce n'était pas tout, il fallait vous trouver sans rien demander à personne, sans prononcer même votre nom. Pour ça, j'ai fait une distribution générale de combustible, j'en ai mis partout. Hélas! à chaque feu que j'allumais, je pensais à vous, je vous cherchais du cœur... Enfin vous voilà, je vous tiens, et je ne vous quitte plus.

CHRISTINE. Comment?

JOBIN. Je ne sors plus d'ici... qu'avec vous.

CHRISTINE, *le regardant, puis comme frappée d'une idée subite.* Oh! la bonne idée !

JOBIN. Oui, je crois qu'elle n'est pas mauvaise.

CHRISTINE. Voilà ce qu'il me fallait.

JOBIN. Oui... je crois encore que je ne vous serai pas superflu, Christine.

CHRISTINE. Vous arrivez juste pour me rendre un grand service.

JOBIN. Très-bien ! En quoi?

CHRISTINE. Vous allez d'abord vous cacher.

JOBIN. Très-bien ; pourquoi?

CHRISTINE. Je tiens à vous avoir là tout près de moi.

JOBIN. Oui, sous la main, ça me va, où est votre chambre ?

CHRISTINE. Ma chambre...

JOBIN. Pour que je m'y insère.

CHRISTINE. Non, vous seriez trop loin.

JOBIN. Trop loin, mais où veut-elle donc me mettre ?

CHRISTINE, *allant ouvrir la porte perdue dans la boiserie.* Entrez là.

JOBIN. Tout de suite. (*Il s'arrête tout à coup.*) Ah! dites donc, c'est bien noir là-dedans, et ça sent le renfermé en diable.

CHRISTINE. Personne ne va dans ce cabinet, c'est pour ça que vous y serez mieux que partout ailleurs.

JOBIN. Vous croyez? Il doit y avoir des souris là-dedans.

CHRISTINE. Qu'importe, entrez, entrez vite.

JOBIN. Je vous obéis, Christine, mais je vous préviens que j'ai horreur de ces animaux-là.

CHRISTINE, *le poussant et fermant la porte.* Entrez donc !

~~~~~~~~~~~~~~~~~~~~~~~~~~~~~~~~~~~~

SCÈNE VII.

MARIE, CHRISTINE.

MARIE, *sortant de gauche, une lettre à la main.* Voici ma lettre, songe que c'est plus que ma vie que je vais confier à ton dévouement, à ta fidélité. Si cette lettre tombait entre les mains d'Osborn....

CHRISTINE. Oh! je l'avalerais plutôt. (*Elle la met dans son corset.*) Elle ne sortira de là que pour passer entre les mains

* Jobin, Christine.

du Roi... et elle sera rendue à son adresse... ce soir.

MARIE. Ce soir?... tu as donc trouvé le moyen....

CHRISTINE. De sortir d'ici, oui madame.

MARIE. Et ce moyen !

CHRISTINE, *montrant la porte.* Il est là... sous clef... j'attends pour m'en servir, que monsieur le gouverneur soit à portée de voir et d'entendre.

MARIE. Es-tu bien sûre...

CHRISTINE. Je vous réponds de tout. On monte le grand escalier, c'est monsieur d'Osborn.

MARIE. D'Osborn ! oh ! prends garde.

CHRISTINE. C'est le moment d'employer mon moyen.

MARIE. Quel est-il?

CHRISTINE, *ouvrant la porte et ramenant Jobin.* Le voilà.

~~~~~~~~~~~~~~~~~~~~~~~~~~~~~~~~~~~~

SCÈNE VIII.

LES MÊMES, JOBIN.

Jobin est pâle, tremblant, tout en désordre.

MARIE. Quel est cet homme?

CHRISTINE. Cet homme, madame, c'est... Ah! mon Dieu ! comme il est jaune ! qu'est-ce qui vous est donc arrivé là dedans?

JOBIN. Ne faites pas attention..... mais je vous avais prévenue, j'ai horreur des souris... et il y en a un million dans cette chambre noire.

CHRISTINE. Allons donc !

JOBIN. Tout à l'heure je les entendais travailler sous mes pieds, et il me semblait que le plancher allait s'enfoncer.

Ici, on voit d'Osborn paraître dans le fond.

CHRISTINE. Taisez-vous! voulez-vous donc que devant madame j'aie honte de mon amoureux ?

JOBIN, *bas.* Chut ! il ne faut pas qu'on sache ça ici.

CHRISTINE, *élevant la voix.* Oui, madame, ce pauvre garçon a trompé tout le monde pour s'introduire dans la citadelle.

JOBIN. Chut!

CHRISTINE. Je vous réponds de lui, madame, il vous sera dévoué autant que je puis l'être, et tout à l'heure il m'a juré de se faire tuer pour vous, s'il le fallait.

D'OSBORN, *au fond.* Qu'entends-je?

JOBIN. Moi! je n'ai pas dit un mot de....

CHRISTINE. Et la preuve, c'est que je lui ai promis un baiser pour sa récompense.

JOBIN. Mais...

CHRISTINE. Embrassez-moi, et taisez-vous.

JOBIN, *l'embrassant.* Hum ! cette femme-là m'aime trop.

* Marie, Jobin, Christine.

SCÈNE IX.

LES MÊMES, D'OSBORN.

D'OSBORN, *arrivant en scène.* Je ne me trompais pas ce matin, Christine, vous êtes une servante fidèle et dont le dévouement mérite une récompense.

Il va sonner *.

JOBIN. Qu'est-ce que c'est que celui-là ?

CHRISTINE, *bas.* C'est le gouverneur.

JOBIN. Pour Dieu ! n'allez pas encore m'embrasser devant lui.

Burl arrive par la porte à droite, suivi de deux Soldats.

JOBIN, *voyant entrer Burl.* Mon gros Prussien !... il va me reconnaître.

D'Osborn parle bas à Burl.

MARIE, *bas à Christine.* Je t'ai devinée... mais ne crains-tu pas...

D'OSBORN, *à Marie.* Rentrez dans votre appartement, madame... Je le veux.

CHRISTINE, *avec intention.* Je vous suis, madame.

D'OSBORN. Demeurez. (*A demi-voix en reconduisant Marie.*) Marie, vous me reverrez ce soir.

Marie rentre à gauche en regardant toujours Christine.

JOBIN, *à part.* C'est drôle... j'ai donné ce matin vingt écus pour entrer ici, je crois que j'en donnerais cent pour m'en aller.

Après que Marie est rentrée.

D'OSBORN, *à Burl.* Tu as reçu mes ordres, qu'ils soient exécutés à l'instant même.

Il sort par le fond.

SCÈNE X.

BURL, CHRISTINE, JOBIN **.

JOBIN, *bas à Christine.* Qu'est-ce qu'on va nous faire, hein ?

CHRISTINE, *bas.* Nous mettre à la porte.

JOBIN. Tous les deux ! que le ciel vous entende !

BURL, *se mettant entre les deux.* Prenez mon bras, mademoiselle Christine, nous allons gagner le pont-levis au pas accéléré.

CHRISTINE, *à part.* J'ai réussi ! (*Haut.*) Comment ! on me chasse, mais c'est une horreur, une indignité !

JOBIN. Au contraire, c'est très-aimable, c'est charmant. Tenez, Prussien, je suis si content, que je vous fais cadeau des trente-trois lettres que vous m'avez prises..... c'est un souvenir que je vous laisse... adieu.

BURL. Mais vous ne partez pas, vous.

JOBIN. Comment, je ne pars pas ?

* D'Osborn, Marie, Christine, Jobin.

** Christine, Burl, Jobin, les deux Soldats.

BURL. Du tout. On renvoie mademoiselle, mais on vous garde.

Il le livre aux Soldats.

JOBIN. Allons donc !...

BURL, *montrant les deux soldats.* Ces hommes vont vous conduire à la chambre d'arrêts, où vous resterez jusqu'à plus ample informé.

JOBIN. Mais c'est une horreur, une indignité !... Je demande que Christine soit mise aux arrêts avec moi.

BURL. Impossible. Christine devrait être déjà loin... en route !

CHRISTINE, *s'éloignant avec Burl.* Pauvre garçon ! Consolez-vous, monsieur Jobin, vous me reverrez bientôt.

JOBIN, *entre les deux soldats.* Le diable nous en veut, Christine, nous ne nous rejoindrons jamais; quand vous êtes dedans, je suis dehors... vous voilà dehors, et on me met dedans.

Les Soldats entraînent Jobin par la porte à droite; lorsqu'ils sont sortis, Burl vient offrir son bras à Christine, tous deux sortent par le fond. A peine les personnages se sont-ils éloignés qu'on entend un bruit sourd dans le cabinet, puis comme une partie de plancher s'écroulant. Enfin la porte perdue dans le boiserie s'ouvre doucement, et Stella passe la tête.

SCÈNE XI.

STELLA, ERNEST.

STELLA. Personne !

ERNEST, *paraissant.* Nous voilà parvenus sans doute à la partie du château que Firbach appelait le logement des femmes.... ce doit être là le balcon qui donne sur le fossé...

STELLA, *allant à la fenêtre.* Oui.

ERNEST. C'est à ce balcon que nous devions attacher notre corde; une fois dans le fossé, nous aurions atteint le bastion de l'ouest, où se trouvait une brèche assez mal réparée, par laquelle nous aurions pu gagner la campagne. Comme Firbach me l'avait annoncé, cette partie du fossé est à sec.

STELLA. Cette heure doit être celle du repas, je ne vois, je n'entends personne. La nuit n'est pas encore venue, mais le brouillard est tellement épais que nous pourrons descendre dans le fossé sans être aperçus des factionnaires.

ERNEST. Chère enfant, mon courage défaille à la vue du danger que tu vas courir... si la force allait te manquer..... si tes mains ensanglantées déjà ne pouvaient pas te soutenir.

STELLA. Ne craignez rien, vous dis-je... Dieu n'est-il pas avec nous ?... préparez tout, je vais m'assurer que nous ne pouvons être surpris.

Elle sort par le fond.

SCÈNE XII.

ERNEST, *puis* MARIE.

ERNEST. Mon Dieu! qui m'avez envoyé cet ange, vous veillerez sur lui... Comme Stella, je mets tout mon espoir en vous, seigneur! (*Il rentre dans le cabinet et en sort bientôt avec la corde qu'il va attacher au balcon; tout à coup il s'arrête.*) N'ai-je pas entendu?... oui... quelqu'un vient de ce côté.... évitons les regards. (*Il va rentrer dans le cabinet.*) Et Stella.... et ma fille.... il faut qu'elle me retrouve ici.... Oh! si près de la délivrance, je ne reprendrai pas volontairement mes chaînes. Malheur à celui qui se placera sur mon passage! comme tout obstacle, je le renverserai. (*Apercevant la hachette que Jobin a laissé tomber.*) Cette arme..... oh! je ne redescendrai pas vivant dans mon cachot.

Il se retire au fond.

MARIE, *sortant de sa chambre et gagnant la droite.* Christine arrivera-t-elle à temps*?

ERNEST. Une femme!

MARIE, *effrayée à la vue d'Ernest armé.* Ah! du secours!...

ERNEST, *la saisissant et la renversant sur le canapé.* Silence, malheureuse!

Marie, la tête renversée en arrière, laisse voir son visage. Ernest, jette sa hache, regarde Marie et recule de surprise.

MARIE, *le regardant à son tour et se relevant.* Oh!

ERNEST. Marie!

MARIE. Ernest! (*Ils se jettent dans les bras l'un de l'autre.*) Mais d'où viens-tu? sors-tu de la tombe?

ERNEST. Oui!.... car c'est une tombe que ce cachot, où, depuis seize années, je gémis vivant!...

MARIE. Ici!... depuis seize ans!.'... ô mes pressentiments... ô mes rêves!...

ERNEST. Mais toi?...

MARIE. Depuis seize années aussi, voilà ma prison.

ERNEST. Comment?

MARIE. L'homme à qui le roi m'a donnée, c'est le comte d'Osborn!

ERNEST. Mon geôlier!

MARIE. Et qui t'a fait libre?

ERNEST. Un ange venu du ciel, un enfant... le nôtre, Marie!...

MARIE. Stella! elle vit?

* Ernest, Marie.

ERNEST. Oui, mais la mort qui plane sur ma tête est à présent suspendue sur la sienne, une minute de retard peut nous perdre tous deux.

MARIE. Oh! fuyez alors.

ERNEST. Cette route, quelque périlleuse qu'elle soit, est la seule qui nous reste. Stella veille de ce côté (*il montre le fond*); mais par ici ne peut-on venir nous surprendre?

Il indique l'appartement de Marie.

MARIE. Au fond de cet appartement une porte conduit chez d'Osborn. Je cours fermer, barricader cette porte, puis je reviendrai. Je la verrai, n'est-ce pas... oh! je ne veux pas mourir sans l'avoir embrassée.

Elle rentre dans sa chambre. Au même instant, Stella paraît au fond.

SCÈNE XIII.

ERNEST, STELLA.

STELLA. Mon père, hâtez-vous, j'ai reconnu la voix du gouverneur, celle de Burl... ils sont tous deux à l'étage inférieur, et d'un instant à l'autre ils seront ici.

Elle met le verrou à la porte du fond et va fermer aussi au verrou la porte de Marie.

ERNEST, *qui a fermé le verrou de la porte de droite.* Que fais-tu?

STELLA. J'assure notre fuite.

ERNEST. Et sa pauvre mère!... (*Haut.*) Mais...

STELLA. D'Osborn est là, vous dis-je, et l'échafaud de Firbach est encore dressé.

ERNEST. L'échafaud... (*A part.*) Oh! pardonne-moi, Marie, mais mon premier devoir est de sauver ton enfant. (*Haut.*) Je n'hésite plus, va.... ah! (*A part.*) Si cette corde allait manquer! (*Haut.*) A moi d'abord, à moi; mon Dieu! protégez-nous.

Il descend par la croisée.

STELLA, *penchée à la fenêtre et regardant Ernest descendre.* Prenez bien garde, mon père. Oh! comme cette corde balance... S'il allait se blesser contre cette muraille... si ce brouillard se dissipait tout à coup. .... Oh! le courage et la force m'abandonnent!

D'OSBORN, *en dehors.* Pourquoi cette porte est-elle fermée?

STELLA. Le gouverneur!

D'OSBORN. Ouvrez-moi, Marie, ouvrez-moi.

STELLA. Le temps va-t-il donc lui manquer? (*Au balcon.*) Courage, mon père, courage!

D'OSBORN. Burl, renverse, brise cette porte.

STELLA. Cette porte va céder.... comment

gagner du temps?... Ah ! ce moyen seul me reste.

Elle ferme la croisée du balcon, ajoute au désordre de ses vêtements , ramasse la corde qui entourait le bois apporté par Jobin, et va ouvrir.

SCÈNE XIV.

STELLA, D'OSBORN, BURL.

D'OSBORN. Que vois-je?

BURL. Le petit muet !

D'OSBORN. Comment es-tu ici? (*Stella raconte alors que pendant son sommeil le prisonnier lui a lié les mains, l'a bâillonné; que s'éveillant au moment où il fuyait, elle a pu se débarrasser de ses liens et se mettre à sa poursuite, mais qu'arrivée dans ce salon elle a perdu sa trace.*) Ah ! malheur à toi si tu m'as trahi! Quel chemin a-t-il pris?

Stella, qui cherche toujours à les éloigner de la fenêtre les amène vers le cabinet, ils vont y entrer lorsque Marie frappe violemment à la porte de gauche.

BURL , *allant ouvrir.* On avait donc mis tous les verrous?

Il ouvre. Marie paraît.

SCÈNE XV.

LES MÊMES, MARIE.

MARIE. D'Osborn!... Ernest est perdu !

D'OSBORN, *courant à elle.* Ernest !... vous l'avez donc vu... il est donc ici ?

A ce moment, un coup de feu se fait entendre.

MARIE. Ah !

Elle tombe à genoux. Stella fait un mouvement vers la croisée, puis s'arrête.

BURL. Le coup est parti de ce côté. (*Il ouvre la fenêtre.*) Une corde!... et le prisonnier est au bout... il a fait plus de la moitié du chemin. La sentinelle l'a manqué.

D'OSBORN. Il ne m'échappera pas ainsi.

Apercevant la hachette, il la ramasse, court au balcon et coupe la corde.

STELLA, *courant à lui et tombant à ses pieds évanouie.* Ah ! mon père..... ils l'ont tué !

MARIE. Son père !... ah !

Elle va courir à Stella, mais d'Osborn se place vivement entre elles deux et retient Marie. Tableau.

* Marie, d'Osborn, Stella, Burl au fond.

ACTE QUATRIEME.

Une salle basse ouverte sur le jardin de la forteresse. On doit apercevoir au milieu du jardin une chapelle dont les vitraux sont éclairés. Il fait nuit et la lune éclaire le paysage. Au premier plan, à gauche, porte conduisant chez Marie. Au troisième plan, un escalier avec rampe, cet escalier descend dans le dessous et est censé conduire à la chapelle qui se voit extérieurement. Au troisième plan, à droite, porte conduisant au logement de Burl. Au premier plan, grand escalier conduisant à l'extérieur ; cette salle est fermée au fond par un vitrage au milieu duquel se trouve une porte croisée à deux battants. A l'avant-scène, à gauche, une table couverte d'un tapis, encre, plume, papier.

SCÈNE PREMIÈRE.

D'OSBORN, UN INCONNU.

Au lever du rideau, il fait nuit; l'Inconnu est appuyé sur un des battants ouverts de la porte croisée au fond, et semble attendre.

UN DOMESTIQUE *descend le grand escalier et dit à l'inconnu.* Voici monsieur le gouverneur.

Le Domestique entre chez Marie.

D'OSBORN, *à l'inconnu.* Qui êtes-vous? qu'avez-vous de si pressant, de si mystérieux à m'apprendre?

L'INCONNU *salue, tire de son sein une lettre qu'il remet à d'Osborn.* De la part de M. de Mittau.

D'OSBORN, *vivement.* Donnez. (*Il ouvre la lettre et lit. Pendant que d'Osborn décachète la lettre, le domestique sort de chez Marie; il porte une lampe allumée qu'il pose sur la table et se retire. La scène est éclairée.*) « Mon cher d'Osborn, le roi » vient d'ordonner la révision du procès de » M. de Fridberg. Ce qui semble avoir pro- » voqué cette décision, c'est une lettre adres- » sée à Frédéric par Mme d'Osborn, (*Mou- » vement*) et remise entre les mains de » sa majesté, hier au soir, par une jeune » fille se disant au service de votre femme. » — Par Christine!... (*Continuant.*) « L'é- » motion, la colère que le roi n'a pu cacher, » m'ont fait présumer que cette lettre ren- » fermait contre vous quelque grave accu- » sation. Devant moi, Frédéric a donné l'or- » dre qu'un officier partît au point du jour » pour se rendre à la forteresse, chargé de » pleins pouvoirs. Ma vieille amitié a dû vous » annoncer l'orage près de fondre sur vous. » Tenez-vous donc sur vos gardes. L'homme » que je charge de cette lettre est un ex-raco- » leur; il a fait depuis tous les métiers; » pour un peu d'or sa conscience sera tout à » vous. » — A quelle heure as-tu quitté le quartier-général?

L'INCONNU. A sept heures.

D'OSBORN. Il en est neuf à peine. (*A part.*) L'envoyé de Frédéric n'arrivera que demain matin. (*Regardant la chapelle.*) Demain... il me reste assez de temps encore... (*A l'inconnu.*) M. de Mittau me répond de ton

zèle, de ta discrétion... j'aurai peut-être l'occasion de les mettre à l'épreuve... L'offi- cier dont on m'annonce la venue ne doit se mettre en route qu'au point du jour ; mais Frédéric pourrait avancer l'heure du départ de cet officier, et dans ce cas j'aurais absolu- ment besoin d'être prévenu. Tu sais quel chemin il doit prendre?

L'INCONNU. Les neiges n'en ont laissé qu'un seul praticable.

D'OSBORN. Remonte à cheval, et va te mettre en observation à la Croix de Saint-Mi- chel... de ce point tu découvriras toute la plaine, et si tu apercevais au loin l'escorte de l'envoyé, tu accourrais me prévenir... Tiens, pour te désennuyer, là-bas tu compteras les florins qui sont dans cette bourse. Va.

L'Inconnu salue, prend la bourse, sort par le fond et ferme les portes vitrées ; peu après, Burl entre par la droite de la galerie.

SCENE II.

D'OSBORN, BURL.

D'OSBORN, *à lui-même, et un moment seul.* Marie avait osé... Christine était d'in- telligence avec elle... mais je déjouerai faci- lement ce complot... Marie m'y aidera elle- même, car le hasard a mis entre mes mains une arme à laquelle elle ne pourra résister. (*A Burl, qui sort de chez lui.*) As-tu fait ce que j'avais ordonné?

BURL. Exactement. J'ai enfermé dans ma chambre, isolée, comme vous le savez, de toutes les autres... le petit... ou plutôt la petite, qu'il a fallu y porter tout évanouie, et que depuis hier personne n'a vue. J'avais laissé à côté d'elle un uniforme de son sexe... et tout à l'heure je l'ai trouvée sur pied en tenue complète... La pauvre fille était tout en larmes, car elle avait vu confectionner sous ses fenêtres le cercueil que vous avez commandé pour feu le prisonnier, qui, en tombant dans le fossé, a eu l'adresse de se tuer sur le coup... Elle s'est jetée à mes ge- noux, et m'a supplié de la conduire près du corps de son père. Je lui ai répondu que le pauvre diable avait été, après son accident, déposé dans la petite chapelle abandonnée qui est là-bas, et dont vous seul aviez la clef. Là-dessus elle a demandé à vous voir.

Bruit à gauche.

D'OSBORN. Qui vient ici ?

BURL. Madame la comtesse.

D'OSBORN. Sortie de son appartement malgré ma défense... Laisse-nous, Burl... et attends dans la galerie les nouvelles instructions que j'aurai sans doute à te donner.

Burl monte l'escalier à droite et sort.

SCENE III.

MARIE, D'OSBORN.

MARIE. Enfin... vous voilà...

D'OSBORN. J'avais ordonné...

MARIE. Qu'on me retînt prisonnière dans ma chambre... mais vos valets ont été moins impitoyables que vous ; ils ont fait passage à la pauvre mère qui voulait vous redemander son enfant...

D'OSBORN. Je me disposais, madame, à passer chez vous...

MARIE. Vous aviez alors un nouveau malheur à m'apprendre... Avez-vous donc assassiné Stella comme vous avez assassiné son père ?...

D'OSBORN. M. de Fridberg s'est tué en voulant s'évader... Quant à sa fille... elle existe.

MARIE. Ne me trompez-vous pas ?

D'OSBORN. Vous allez la voir.

MARIE. Oh !... si vous me rendez ma fille... je vous pardonnerai mes tortures et mes larmes... Je prierai Dieu de vous pardonner le meurtre d'Ernest..... Mais qu'attendez-vous ?

D'OSBORN. Une promesse de vous, madame.

MARIE. Ah ! parlez, monsieur, parlez !...

D'OSBORN. Stella ignore encore que vous êtes sa mère. J'exige que vous ne lui disiez rien qui puisse le lui faire soupçonner...

MARIE. Qu'entends-je ?..... mais songez donc que l'espérance de la voir, de la nommer ma fille, m'a seule fait vivre depuis seize ans... ce que vous demandez est au-dessus des forces d'une mère.

D'OSBORN. A cette condition seule, pourtant, vous la verrez.

MARIE. Eh bien, je vous obéirai, monsieur, je vous obéirai.

D'OSBORN. Vous me jurez de ne vous trahir ni par un mot ni par un geste ?

MARIE. Je vous le jure.

D'OSBORN, *appelant Burl d'un geste.* Amène ici la jeune fille remise à ta garde. (*Burl entre dans sa chambre. A Marie.*) J'ai

besoin que vous ne doutiez pas de l'existence de Stella. Après votre entrevue, qui ne sera que de quelque sinstants, vous saurez à quel prix votre fille peut vous être rendue. N'oubliez pas votre promesse.

Burl sort de sa chambre amenant Stella.

SCÈNE IV.

LES MÊMES, BURL, STELLA.

BURL, *au fond, bas, à Stella.* Courage, petite... et adressez-vous à la comtesse..... vous aurez plus de chance...

Stella s'avance, Burl sort par le grand escalier.

STELLA, *courant à Marie* [*]. Madame, je suis la fille du pauvre prisonnier qu'on a tué sous vos yeux... ayez pitié de moi. Obtenez qu'il me soit permis de prier auprès du cadavre de mon père...

Suffoquée par ses sanglots, elle tombe à genoux devant Marie.

MARIE *est restée comme en extase devant Stella. — Elle la regarde avec une émotion toujours croissante. — Enfin, au moment où Stella se jette à ses pieds, Marie, hors d'elle-même, la relève avec amour.*) Mon enfant !... (*Un geste de d'Osborn arrête la parole sur ses lèvres. — Après un moment de silence, elle continue.*) Je joindrai mes instances aux vôtres... et j'espère obtenir...

D'OSBORN. Dans une heure cette jeune fille sera conduite par Burl dans la chapelle où sont déposés les restes de monsieur de Fridberg.

STELLA, *à Marie.* Je pourrai le voir une fois... une dernière fois... Oh ! soyez bénie, madame... vous qui ne m'avez pas repoussée !...

D'OSBORN, *à Stella.* Venez, maintenant.

MARIE, *la retenant.* Oh ! pas encore, monsieur, pas encore !...

STELLA. Vous me regardez avec bonté, madame !... vous pleurez !... Oh ! vous êtes mère, n'est-ce pas ?...

MARIE, *se contenant à peine.* Mère !.... oui..... Dieu m'avait faite heureuse entre toutes les femmes..... et on m'a pris mon trésor... ma fille... Oh ! laisse-moi te regarder... laisse-moi la contempler en toi... (*Après un silence.*) Pauvre orpheline !... tu as vu périr le père que tu voulais sauver... et tu n'as jamais connu celle qui t'a donné la vie..... tu l'as pleurée, n'est-ce pas..... comme... j'ai pleuré mon enfant... oh ! ne désespère pas, Dieu nous soumet parfois à de cruelles épreuves, mais sa miséricorde est immense, infinie... Prions-le, mon enfant, prions-le... pour qu'il nous rende, à moi, ma fille... à toi, ta mère.

[*] Marie, Stella, d'Osborn.

STELLA, *regardant Marie*. Ma mère...

D'OSBORN, *lui prenant la main et la conduisant vers la porte*. Rentrez dans cette chambre; Burl viendra vous y chercher.

Stella, les yeux toujours fixés sur Marie, semble hésiter.

MARIE. Courage et résignation..... allez, mon enfant, allez...

Stella baise la main que lui tend Marie, celle-ci veut l'embrasser, mais un regard de d'Osborn l'arrête. Stella entre dans la chambre, d'Osborn referme la porte sur elle.

SCENE V.

MARIE, D'OSBORN.

MARIE, *la regardant sortir*. N'avoir pu l'embrasser !... oh ! je ne croyais pas qu'on pût inventer pour moi un nouveau supplice !...

D'OSBORN, *revenant à Marie*. Marie..... vous avez vu votre fille... il dépend de vous de lui pouvoir dès demain révéler le secret de sa naissance; il dépend de vous de ne la plus quitter.

MARIE. L'ai-je bien entendu... ma Stella resterait auprès de moi !...

D'OSBORN. Dès demain, vous dis-je... et pour toujours.

MARIE. Pour toujours !... oh ! quelle que soit la condition que vous mettiez à ce bienfait, j'y souscris d'avance... parlez... parlez... ou plutôt donnez-moi cet acte, je vais le signer à l'instant... Ma fortune, mon sang, ma vie, pour un baiser de ma fille...

D'OSBORN. Ce n'est pas cette signature qu'il me faut à présent.

MARIE. Je ne vous comprends plus.

D'OSBORN. Hier, vous avez écrit au roi... (*Mouvement de Marie.*) Christine s'est acquittée fidèlement du message que vous lui aviez confié... et demain un officier de Frédéric doit se présenter ici pour vérifier les faits dénoncés dans votre lettre. (*Avec force.*) Demain, Marie, vous déclarerez cette lettre fausse, mensongère..... vous attesterez que Christine, chassée d'ici, a voulu se venger par une infâme calomnie.

MARIE. Accuser Christine !

D'OSBORN. Vous déclarerez, sous la foi du serment, s'il le faut, n'avoir jamais eu connaissance de cette lettre ni des faits qu'elle révèle.

MARIE. Mais ce serait mentir à Dieu !!

D'OSBORN, *avec un sourire amer*. Vous ferez cela... car je vous ai maintenant à ma merci, je ne crains plus de votre part ni lutte ni résistance... Hier, vous avez pu me braver encore, je ne tenais en mes mains que votre vie... Aujourd'hui j'ai votre fille.

MARIE. Ma fille !

D'OSBORN. Me comprenez-vous, maintenant?

MARIE. Assassiner un enfant !... c'est impossible !

D'OSBORN. Cet enfant n'est-il pas celui de Fridberg? ai-je fait grâce à Fridberg ?

MARIE, *avec égarement*. Non... vous seriez implacable pour elle, comme vous l'avez été pour lui... vous la frapperiez jusque dans les bras de sa mère... Oh ! vous avez dit vrai, je ne résisterai plus..... je ne lutterai plus... j'accuserai Christine... Christine qui s'est dévouée pour moi !... Je repousserai la justice royale que j'avais invoquée... Mensonge, blasphème, sacrilége..... ordonnez-moi tout, monsieur !... je suis prête...

D'OSBORN. L'otage qui est là me répond de votre obéissance, et je vous mettrai sans crainte en présence de l'officier que j'attends... à son arrivée, je vous ferai prévenir... jusque-là, rentrez dans votre appartement.

MARIE. Et Stella... ma fille?...

D'OSBORN. Vous ne la verrez qu'après le départ de l'envoyé du roi.

Il reconduit Marie, qui rentre dans sa chambre.

SCENE VI.

D'OSBORN, *puis* BURL.

D'OSBORN. Vienne à présent l'inquisiteur dont on me menace, je le placerai entre la mère de Stella et la tombe de Fridberg. (*Avec un sourire.*) L'une et l'autre seront muettes. (*Il sonne. Au valet qui paraît en haut de l'escalier.*) Ulrich Burl ! qu'il vienne à l'instant. (*Le valet sort.*) Celui-là aussi m'appartient corps et âme.

BURL, *du haut de l'escalier*. Présent, gouverneur.

D'OSBORN. Approche.

BURL, *descendant*. Il s'agit de la petite?

D'OSBORN. Non... c'est de toi qu'il s'agit.

BURL. De moi?

D'OSBORN. Tu sais ce que j'ai fait pour toi il y a seize ans.

BURL. Oui, excellence; vous m'avez sauvé du feu de peloton à la simple condition que je ne parlerais jamais à personne de la lettre du lieutenant Mulgrave.

D'OSBORN. A cette époque, je t'ai fait quitter Berlin et conduire dans cette citadelle. A ma sollicitation on avait consenti à étouffer cette affaire, qui s'était arrêtée au jugement qui te condamnait par contumace à être fusillé.

BURL. Il était temps d'arrêter la chose.

D'OSBORN. Eh bien, mon pauvre Burl, toute cette affaire, que je croyais oubliée, a été mise dernièrement sous les yeux de sa majesté.

BURL. Hein ?

D'OSBORN. Je viens de recevoir l'ordre de te livrer à un commissaire du roi qui doit arriver demain et faire exécuter la sentence prononcée contre toi...

BURL. Demain !... et vous dites qu'on a mis les paperasses sous les yeux du roi !... Je vois d'où vient le coup ; de douanier qu'il était, ce gredin de Clakmann se sera fait espion et m'aura dénoncé !... Demain !... miséricorde !... Est-ce qu'on ne pourrait pas obtenir une petite remise à quinze ans ?

D'OSBORN. Je ne vois plus qu'un seul moyen de te sauver.

BURL. Je choisis celui-là !

D'OSBORN. Je te signerai, cette nuit même, un passe-port à l'aide duquel tu pourras, sous un nom supposé, traverser la frontière, qui n'est qu'à trois lieues d'ici.

BURL. Trois enjambées.

D'OSBORN. De plus, je te donnerai dix frédérics d'or...

BURL. Dix frédérics.

D'OSBORN. Tu partiras...

BURL. Tout de suite...

D'OSBORN. Quand tu m'auras rendu le dernier service que je vais te demander.

BURL. Oh ! vous pouvez être sûr d'être servi promptement. Ce n'est pas le moment de flâner ici.

D'OSBORN. Le cercueil destiné au prisonnier...

BURL. A été déposé sur les marches de la chapelle, dont vous avez gardé la clef. Quand vous le voudrez, on y pourra coucher le pauvre diable.

D'OSBORN. C'est là précisément le service que j'attends de toi.

BURL. Ah ! bah !

D'OSBORN. A minuit, quand tout le monde reposera, je te donnerai la clef de cette chapelle, éloignée, comme tu le sais, des postes et des factionnaires... Tu trouveras le prisonnier dans l'état où je l'ai laissé...

BURL. Mort...

D'OSBORN, baissant la voix. Endormi !

BURL. Hein ?

D'OSBORN. Ce soir, quand, seul, je suis descendu dans la chapelle où on l'avait transporté, je l'ai vu luttant contre le long évanouissement occasionné par sa chute, et qui avait eu pour nous tous les apparences du trépas. Après avoir prononcé quelques mots sans suite, il est retombé dans un sommeil léthargique où tu le trouveras encore plongé.

BURL. Voilà un miracle !

D'OSBORN. Tu entreras dans la chapelle... On ne pourra ni te voir ni l'entendre, lui... d'ailleurs, quelques minutes te suffiront... une fois le cadavre placé dans le cercueil....

BURL. Le cadavre !

D'OSBORN. Tu viendras me remettre la clef, et tu recevras en échange le passe-port et l'argent que je t'ai promis. (Mouvement de Burl.) Qu'as-tu donc ?

BURL. Rien... c'est un froid qui m'a passé partout...

D'OSBORN. Hésiterais-tu ?

BURL. Étouffer un homme !... dans une chapelle encore !

D'OSBORN, à mi-voix. Tu préfères donc aller demain sur la plate-forme ?

BURL. La plate-forme !

D'OSBORN. Tu comprends que je ne peux pas te laisser vivre, toi qui sais mon secret... Tu comprends qu'il faut m'obéir aujourd'hui, ou être fusillé demain.

BURL. C'est juste !... je demande à réfléchir. (A part.) Si je refuse, un autre prendra ma place à la chapelle, et personne ne voudra la prendre sur la plate-forme. Le prisonnier n'y gagnera rien, et j'y perdrai tout.

D'OSBORN. Eh bien ?

BURL. J'accepte... mais, donnant donnant, je veux avoir tout de suite le passe-port promis.

D'OSBORN. Comment ?

BURL. Après le vilain coup que j'aurai fait, je ne veux pas rester une heure ici... je ne me défie pas de votre délicatesse ; mais je veux tenir le passe-port.

D'OSBORN, allant se placer pour écrire. Soit.

BURL. Quant à vos écus, je n'en veux pas.

D'OSBORN se met à écrire, puis s'arrête. Après un moment de réflexion, à part. Il a hésité ce soir... il pourrait se repentir demain.

Il continue à écrire.

BURL, à lui-même. Si je n'avais pas été racolé par ce gueux de Clakmann, tout ça ne me serait pas arrivé... Oh ! scélérat !... s'il s'agissait de t'étrangler, toi !...

D'OSBORN, se levant et lui donnant un papier. Voilà ce que tu m'as demandé... tu viendras prendre la clef de la chapelle... ici, à minuit...

Il monte l'escalier.

SCENE VII.

BURL, seul.

A minuit... Oh ! si d'ici là je pouvais... pas moyen... Une fois la retraite battue, personne ne peut traverser le pont-levis sans un ordre exprès du gouverneur... et ce papier ne me servirait à rien ici... Ma liberté est donc là-dedans... Elle me coûte cher, mais c'est toujours la liberté... Oh! je donnerais toutes les bouteilles de schnick que j'ai vidées... pour pouvoir déchiffrer ce qu'il y a sur ce carré de papier... ça me donnerait du cœur pour la vilaine besogne que j'ai à faire... Si cet imbécile de Jobin était encore ici!...

Ici, on voit s'ouvrir la porte de la chambre de Burl.

SCÈNE VIII.

BURL, STELLA.

STELLA. Burl... oui, c'était bien sa voix... (*Courant à lui.*) Avec quelle impatience je vous attendais!...

BURL. Vous m'attendiez?...

STELLA. C'est vous qui devez me conduire à la chapelle...

BURL. A la chapelle!... Ça ne se peut pas, petite, ça ne se peut pas.

STELLA. Que craignez-vous de moi?... que puis-je à présent pour mon pauvre père?.... rien que prier, pleurer et mourir.

BURL. Ne me parlez pas... ne me regardez pas comme ça... vous me feriez fusiller...

STELLA. Fusiller!...

BURL. Pas plus tard que demain matin... Ah! c'est à présent que j'aurais besoin de me donner du cœur... c'est à présent que je voudrais pouvoir lire ce damné papier.

STELLA. Si vous le voulez, je vous dirai ce qu'il renferme...

BURL. Vous?... oh! non!... ce serait mal de ma part... Ça n'est pas à vous de me redonner de la force pour aller... Oh! non, non...

STELLA. Je vous lirai cette lettre, Burl... (*elle la lui prend*) et vous me conduirez à la chapelle... je n'y resterai qu'un instant...

BURL. Eh bien, puisque vous tenez la lettre... lisez... lisez vite!...

STELLA, *lisant.* « Au capitaine commandant le poste, frontière de Schwitz. »

BURL. Oui... c'est par là que je dois passer.

STELLA, *lisant.* « Je vous envoie le déserteur Burl. »

BURL. Hein!...

STELLA. « Condamné à mort par contumace; l'identité reconnue, faites exécuter l'arrêt sur-le-champ. *Signé* : D'OSBORN. »

BURL, *pâle, hors de lui.* J'ai mal entendu... redis-moi la dernière phrase...

STELLA. « Faites exécuter l'arrêt sur-le-champ. »

BURL, *saisissant Stella par les deux mains.* Regarde-moi en face; tu ne me trompes pas!... Il y a bien ça?...

STELLA. Je vous le jure!

BURL, *éclatant.* Brigand de gouverneur! tu veux faire de moi un assassin, et pour récompense, tu m'envoies à la fusillade!... Jour de Dieu, ça ne se passera pas comme ça... Sais-tu, petite, pourquoi ce double scélérat refusait de te laisser voir le corps de ton père!... c'est parce que le prisonnier ne s'est pas tué!...

STELLA. Ah!... mon père...

BURL. N'est pas mort.

STELLA, *saisissant à son tour Burl de ses deux mains.* Burl... oh! regardez-moi à votre tour... et dites-moi que vous ne me trompez pas...

BURL. Je te le jure!

STELLA. Vivant... mon père... Oh! merci, mon Dieu, merci!...

BURL. Ne te réjouis pas encore, petite... D'Osborn et moi nous savons seuls la vérité. Demain, d'Osborn veut montrer un cadavre à tout le monde... et c'est moi qu'il avait chargé d'assassiner le prisonnier.

STELLA. Oh! vous ne ferez pas cela, Burl!

BURL. Non, mille tonnerres!... Mais, voyons, petite, il faut bien nous entendre... et jouer au plus fin... c'est à minuit que le gouverneur doit me donner la clef de la chapelle... D'ici là, nous pouvons être tranquilles... et j'aurai le temps de préparer notre fuite... Vois-tu, j'ai réfléchi à une chose : si en sauvant le prisonnier je peux me sauver moi-même... ça n'en vaudra que mieux... En attendant tu vas rentrer.

STELLA. Rentrer!... non, non!

BURL. Où veux-tu donc aller?

STELLA. Veiller près de la chapelle... Si d'Osborn avançait l'heure...

BURL. C'est juste... il est capable de tout... Viens, petite, par là aussi tu peux aller à la chapelle, je t'y rejoindrai à minuit.

STELLA. A minuit!

BURL. Gouverneur de l'enfer!... Tu voulais me faire enterrer un vivant! nous allons ressusciter les morts!...

Ils sortent à droite par la chambre de Burl. A peine Burl et Stella sont-ils partis que d'Osborn descend l'escalier, suivi de l'Inconnu.

SCÈNE IX.

D'OSBORN, L'INCONNU.

D'OSBORN, *avec agitation.* Ainsi, c'est

bien l'escorte de l'officier du Roi que tu 'as aperçue ?

L'INCONNU. C'est bien elle.

D'OSBORN. On a voulu me surprendre... Combien de temps nous reste-t-il encore ?

L'INCONNU. Je n'ai sur l'escorte que bien peu d'avance.

D'OSBORN. Hâte-toi donc alors... c'est dans cette chapelle qu'est renfermé l'homme dont je te parlais tout à l'heure... (*Il indique la chapelle qu'on voit au fond.*) En voici la clef... quand tout sera fini, tu me l'apprendras aussitôt en éteignant cette lumière... va... pas de bruit... et pas de sang.

L'Inconnu sort par la descente placée au troisième plan à gauche.

SCENE X.

D'OSBORN *seul*, *puis* UN OFFICIER.

D'OSBORN. Le bras de cet homme sera plus ferme et plus sûr... Burl avait trop hésité! (*Bruit en dehors.*) Quel est ce bruit ?... serait-ce déjà l'envoyé du Roi ?...

UN OFFICIER, *sur l'escalier*. Monsieur le gouverneur... un détachement commandé par un officier supérieur de sa majesté vient d'entrer dans la citadelle; cet officier annonce avoir à vous remettre des ordres de la plus grande importance.

D'OSBORN, *à part*. Il faut gagner du temps... (*Haut.*) Conduisez l'officier et ses hommes dans le bâtiment neuf, préparez un logement convenable pour le chef du détachement. Je ne le recevrai que demain. (*L'officier rentre.*) Je ne serais pas assez maître de moi... (*Regardant la chapelle.*) Cette lumière brille toujours... Oh! maudit soit le lâche scrupule qui m'a retenu... J'aurais dû... Qu'est-ce encore ?...

L'OFFICIER, *rentrant*. Excusez-moi, monsieur le gouverneur... Mais l'officier insiste et veut être admis à l'instant même... il est là...

D'OSBORN. Dites-lui que je ne le recevrai que demain... qu'il attende...

LE ROI, *paraissant en haut de l'escalier*. J'attendrai, monsieur.

D'OSBORN. Le Roi !...

Frédéric, appuyé sur sa canne, a laissé tomber le manteau militaire qui le couvrait. Près de Frédéric, un peu en arrière, Christine, puis des Officiers de l'escorte, et des Soldats.

SCÈNE XI.

D'OSBORN, FRÉDÉRIC, CHRISTINE, OFFICIERS, *puis* BURL.

CHRISTINE. Oui, nous attendrons.

LE ROI. Silence.

CHRISTINE. Oui, mon roi.

D'OSBORN. Sire, pardonnez ma surprise... je ne pouvais espérer un aussi grand honneur !

LE ROI. Trêve de paroles. Vous devez penser, monsieur, qu'il m'a fallu un motif bien puissant pour faire six lieues à franc étrier, au milieu de la nuit... Où est Mme d'Osborn ?...

D'OSBORN. Dans son appartement, sire... et je vais lui annoncer...

LE ROI. Demeurez. (*A un officier.*) Lieutenant, faites-vous conduire par cette jeune fille à l'appartement de Mme la comtesse, et priez-la de se rendre ici... ne la quittez pas...

CHRISTINE. Venez, mon officier... je connais les êtres...

Elle entre avec l'Officier dans l'appartement de Mme d'Osborn. Pendant ce jeu de scène, d'Osborn n'a pas quitté des yeux la lumière, qui brille toujours dans la chapelle.

D'OSBORN, *à part*. Toujours cette lumière!... cet homme m'aurait-il trahi ?...

LE ROI. Monsieur d'Osborn, je suis venu pour rendre justice à tous... Faites amener ici, à l'instant, M. Ernest de Fridberg...

Ici, la lumière de la chapelle s'éteint.

D'OSBORN, *respirant*. Ah! enfin!... (*Haut, et avec plus de calme.*) Sire, je regrette amèrement de ne pouvoir me rendre au désir de votre majesté.... M. de Fridberg n'existe plus.

BURL, *ouvrant les portes vitrées du fond, et paraissant tout à coup*. Sire... le gouverneur a menti!... le prisonnier n'est pas mort.

D'OSBORN. Votre majesté, en descendant à la chapelle, pourra se convaincre elle-même...

BURL. Ne vous dérangez pas, majesté, ça n'en vaut pas la peine... celui que vous verriez couché là-bas est tout simplement une ancienne connaissance à moi, le racoleur Clakmann... qui d'espion s'était fait assassin... je l'avais reconnu, le gueux, au moment où il se glissait du côté de la chapelle. J'y suis entré avec lui... et, pour en finir une bonne fois, je l'ai étranglé comme un lapin, sauf votre respect, majesté.

LE ROI. Et M. de Fridberg ?

BURL. Le voilà !

SCÈNE XII.

LE ROI, D'OSBORN, BURL, ERNEST, STELLA.

On aperçoit au fond, et derrière les Officiers qui lui font place, Ernest, pâle, défait, et appuyé sur Stella.

FRIDBERG, *se traînant jusqu'au roi.* Sire, la réhabilitation, ou la mort !

LE ROI. M. de Fridberg, je vous proclame innocent du crime qu'on vous avait imputé ; le général bavarois Wolf de Rœderer, qui avait autrefois traité cette affaire avec le lieutenant Mulgrave, est aujourd'hui ambassadeur à ma cour... il m'a remis des lettres de Mulgrave qui vous justifient pleinement.

FRIDBERG. Oh ! ma fille... ma fille...

LE ROI, *à d'Osborn.* Quant à vous, monsieur, vous paraîtrez dès demain devant un conseil de guerre, et sur Dieu ! je ne commuerai pas votre peine !... Que cet homme soit conduit et gardé à vue dans son appartement.

BURL. Oh ! s'il pouvait prendre ma place sur la plate-forme !

Un Officier et des Soldats emmènent d'Osborn par l'escalier.

SCÈNE XIII.

LES MÊMES, *hors* D'OSBORN ; *puis* MARIE, CHRISTINE *.

MARIE, *dans la coulisse.* Le roi !... le roi ici ! (*Elle entre. Apercevant Fridberg.*) Fridberg vivant... vivant !...

LE ROI. Et justifié, madame.

FRIDBERG. Stella, ma fille... je t'avais promis de te rendre ta mère... la voilà !

Stella se jette dans les bras de sa mère.

BURL, *bas au Roi et la main à son bonnet.* Pardon, sire !... un simple renseignement... serai-je toujours fusillé ?

LE ROI. Fusillé !... pourquoi ?

BURL. J'ai déserté, majesté !

LE ROI. C'est mal... très-mal... mais, sans toi (*regardant Fridberg.*) mon erreur était irréparable... je te fais grâce !...

BURL. Vive le roi !.... J'en étais sûr !... avec Clakmann mon guignon devait finir !...

Marie, épuisée par tant d'émotions, est tombée sur un fauteuil. Christine est derrière elle, Stella est à ses genoux, et Fridberg s'incline devant le Roi, qui lui tend encore la main. Tableau.

* Christine, Burl, Marie, Frédéric, Ernest, Stella.

FIN.

PARIS. — IMPRIMERIE DE Mme Ve DONDEY DUPRÉ.

TOME XVII.

Titre	Prix
La Femme au salon, c.-v. 2 a.	40
Moustache, c.-v. 3 a.	40
Les droits de la Femme, c. 1 a.	30
M. de Covllin, c.-v. 1 a.	30
La Pièce de 24 Sous c.-v. 1 a.	30
Fille de l'Air dans son Ménage,	30
Philippe III, trag. en 5 a.	50
L'Orphelin du Parvis, c.-v. 1 a.	30
La Croix de Feu, mél. 3 a.	40
Plock le Pêcheur, v. 1 a.	30
Léonce, c.-v. 3 a.	40
L'Escroc du Grand Monde, 3 a.	40
Les Trois Dimanches, c.-v. 3 a.	40
Les Chiens du St-Bernard, 5 a.	50
La Figurante, op.-c. 5 a.	50
La Comtesse de Chamilly, 4 a.	40

TOME XVIII.

Titre	Prix
Le Sonneur de St-Paul, d. 5 a	50
Mademoiselle, c.-v, 2 a.	40
Maria Padilla, tragédie 5 a.	50
Paul Jones, drame en 5 actes, par Alexandre Dumas.	50
Le Brasseur de Preston, o.-c 3 a	40
Françoise de Rimini, tr. 3 a.	40
Lady Melvil, c.-v. 3 a.	40
Tronquette, c.-v. 1 a.	30
Le Discours de Rentrée, v. 1 a	30
Pierre d'Arezzo, c.-v. 1 a.	40
Les Coulisses, v. 2 a.	40
Le Marquis en Gage, c.-v. 1 a.	30
Le Puff, rev. en 3 tabl.	40
Claude Stocq, dr. 5 a.	50
Jeanne Hachette. dr. 5 actes.	50

TOME XIX.

Titre	Prix
Lekain, v. 2 a.	40
Diane de Chivry, dr. 5 actes. par Frédéric Soulié.	50
Les trois Bals, v. 3 a.	50
Le Manoir de Montlouvier.	50
Dieu vous bénisse, v. 1 a.	30
Maurice, c.-v. 2 a.	40
Bathilde, dr. 3 a.	40
Pascal et Chambord, c.-v. 2 a.	40
Maria, c.-v. 2 a.	40
La Bergère d'Ivry, dr. 5 a.	50
Mlle de Belle-Isle, drame 5 a. par Alexandre Dumas.	50
Mario Rémond, dr.-v. 3 a.	40
Simplette, v. 1 a.	30
Le Plastron, v. 2 a.	40

TOME XX.

Titre	Prix
L'Alchimiste, d. 5 a.	50
Naufrage de la Méduse, 5 a.	50
Balochard, c.-v. 3 a.	40
La Maîtresse et la Fiancée, 2 a	40
Marguerite d'Yorck, mél. 4 a.	40
Deux jeunes femmes, d. 5 a.	50
Rigobert, mél-c. 4 a.	40
Gabrielle, c.-v. en 2 a.	40
La jeunesse de Gœthe, v. 1 a.	30
Émile, v. en 1 a.	30
Le Fils de la Folle, d. 5 a.	50
Il faut que jennesse se passe,	40
Un Vaudevilliste, 1 a.	30
Le Marché de St-Pierre, par Antier et Comberousse.	50
Amandine, c.-v. en 2 a.	40

TOME XXI.

Titre	Prix
Il était temps ! v. 1 a.	30
L'article 960, v. 1 a.	30
L'Art de ne pas monter sa gar.	30
L'Ange dans le monde c. 3 a.	40
Christine, 5 a. par F. Soulié.	5
es Chevaux du Carousel, 5 a.	50
aurent de Médicis, tr. 3 a.	40
es 3 Beaux-Frères, v. 1 a.	30
evue et Corrigée, c.-v. 1 a.	30
e Loup de Mer, d. 2 a.	40
hristophe le Suédois, d. 5 a. par Joseph Bouchardy.	50
Le Proscrit, d. 5 a.	50
Le Massacre des Innocens 5 a.	50
Thomas l'Égyptien, v. 1 a.	30
Clémence, c.-v. 2 a.	40

TOME XXII.

Titre	Prix
Le Château de Saint-Germain.	50
Les Bamboches de l'Année, r.	30
Commissaire extraordinaire.	30
Deux Couronnes, c. 1 a.	30
Les Enfans de troupe. c.-v. 2 a.	50
L'Ouvrier, drame en 5 actes, par Frédéric Soulié.	50
Tremb. de terre de la Martini.	50
La Famille du Fumiste, c. 2 a.	40
Les Intimes, l. 1 a.	30
La Madone, d. 4 a.	40
Les Prussiens en Lorraine,	50
Roland Furieux, f.-v. 1 a.	30
Un Secret, d.-v. 3 a.	40
L'Abbaye de Castro d. 5 a.	50
La Famille de Lusigny, d. 3 a.	40

TOME XXIII.

Titre	Prix
Vautrin, d. 5 a.	50
L'Ouragan, d.-v. 2 a.	40
Aubray le Médecin, d. 3 a.	40
Les Honneurs et les Mœurs.	40
Les Dîners à 32 sous, v. 1 a.	30
Ainée et Cadette, c.-v. 2 a.	40
Le Fils du Bravo, v. 1 a.	30
Bonaventure, c.-v. 3 a. et 4 t.	40
L'Éclat de Rire, d. 3 a.	40
Cocorico, v. 5 a.	40
Souvenirs de la Marq. de V***.	30
La Jolie Fille du faubourg.	40
Le Fin Mot, c.-v. 1 a.	30
Le Château de Verneuil, d. 5 a	50
La Maréchale d'Ancre, d. 5 a.	50
Les Pages et les Poissardes.	40

TOME XXIV.

Titre	Prix
Bocquet Père et Fils, c.-v. 2 a.	40
Le Mari de ma Fille, c.-v. 2 a	30
La Chouette et la Colombe.	40
Quitte ou Double, c.-v. 2 a.	40
L'Argent, la Gloire et les Femmes, v. 4 a. et 5 t.	50
Marguerite, dr. 3 a.	40
Paula, dr. 5 a.	50
Mon ami Cléobul, v. 1 a.	30
Édith, dr. 4 a.	30
Un Roman intime, c. 1 a.	30
Lazare le Pâtre, dr. 5 a.	50
L'École des Journalistes, c. 5 a.	50
Cicily, com.-vaud. 2 a.	40
Newgate, dr. 4 a.	50
Le Père Marcel, c.-v. 2 a.	40

TOME XXV.

Titre	Prix
L'Hospitalité, vaud. 1 a.	30
Le Guitarrero, op.-c. 3 a.	50
La Fête des Fous, dr. 5 a.	50
La Favorite, op. 4 a.	50

Suite du 25me volume.

Titre	Prix
Le Neveu du Mercier, dr.-v. 3 a.	50
Le Perruquier, dr. 5 a.	50
Zacharie, dr. 5 a.	50
Tiridate, c.-v. 1 a.	40

Suite du 25me volume.

Titre	Prix
La Bouquetière, dr.-v. 3 a.	40
Jacques Cœur, dr. 5 a.	50
L'École des Jeunes filles, d. 5 a.	50
La Protectrice, c. 1 a.	40

Suite du 25me volume.

Titre	Prix
Manche à Manche, c.-v. 1 a.	40
Un Mariage sous Louis XV. par Alexandre Dumas.	50
Fabio le Novice, dr. 5 a.	50

La réimpression des 25 volumes sera entièrement terminée le 31 décembre 1843. Nous prévenons nos souscripteurs qu'à l'avenir il paraîtra deux nouveaux volumes chaque année, qui feront suite à cette collection. Les volumes publiés se vendront toujours séparément.

PIÈCES NOUVELLES DU MAGASIN THÉATRAL.

Titre	Prix
Une Vocation, com.-v. 2 a.	40
La Sœur de Jocrisse, v. 1 a.	40
Van-Bruck, com.-v. 2 a.	40
Le Marchand d'habits, dr. 5 a.	50
Mon ami Pierrot, c.-v. 1 a.	40
La Lescombat, dr. 5 a.	50
Zara, dr. 4 a.	50
Langeli, com-v. 1 a.	40
Murat, pièce en 3 a., 14 tab.	50
Trois œufs dans un panier, 1 a.	40
Mathieu Luc, dr. 5 a. en vers.	50
Caliste, com.-vaud. en 1 a.	40
L'Aveugle et son Bâton, 1 a.	40
Paul et Virginie, dr. 5 a.	50
Les Enfants Blancs, dr. 5 a.	50
La Voisin, mél. 5 a.	50
Ivan de Russie, tragédie.	50
Le Dérivatif, vaudeville.	40
Un Bas bleu, vaudeville.	40
Les Filets de Saint-Cloud.	50
Lorenzino, par A. Dumas.	50
La ... de Crenelle, d. 5 a.	50
La Dot de Suzette, d. 5 a.	50
Amour et Amourette. v. 5 a.	50
Pàris le Bohémien, d. 5 a.	50
Les Brigands de la Loire, d.	50
Margot, v. 1 a.	40
Paris la nuit, d. 6 a. 8 t.	50
Emery le négociant, d. 3 a.	50
La Salpêtrière, dr. 5 a.	50
La Dot d'Auvergne, v. 1 a.	40
Claudine, dr. 3 a.	50
Les Chanteurs ambulants, 3 a.	50
Séducteur et Mari, d. en 3 a.	50
Céline c.-v. 2 a.	40
L'Hôtel des 4 nations, c.-v.	40
Les Pilules du Diable, 3 a. 20 t.	50
Les 2 Brigadiers, vaud. 2 a.	40
Le Roi d'Yvetot, op.-com. 3 a.	50
L'auberge de la Madone, d. 5 a.	50

Titre	Prix
Les ressources de Jonathas, 1 a.	40
Davis ou le bonheur d'être fou.	50
Une Aventure Suédoise, dr.	40
Halifax, c. 4 a. avec prol.	30
La Belle-Amélie, c.-v. 1 a.	40
Le prince Eugène, 3 a. 14 t.	50
Le baron de Lafleur, c. 3 a. env.	50
Vision du Tasse, 1 a. en v.	30
La Main droite et la Main gauche, drame en 3 actes.	1 f
Madeleine, dr. en 5 a.	50
Mlle de la Faille, d. 5 a. 8 t.	50
L'Extase, c.-v. 3 a.	50
Le Menuet de la Reine, 2 a.	50
Les Mille et Une Nuits, 4 a.	50
L'Enlèvement de Déjanire, v.	40
Redgauntlet, d. 3 a. avec pr.	50
La chanson de l'aveugle, f. 1 a.	40
Le succès, c. en 2 actes.	50
Le palais-royal et la bastille 4	50
La chambre verte, c.-v. 2 a.	50
Un tour de roulette, comédie.	40
Les enfants trouvés, dr. 3 a.	50
La dre nuit d'A. Chénier, mon.	30
Le soleil de ma Bretagne, 3 a.	50
Un mauvais père, d.-v. 3 a.	50
Jacquart, com-vaud. en 2. a	50
Marguerite Fortier, d. 4 a. 1 pr.	50
La famille Renneville, d. 3 a. p.	50
Brisquet, c.-v. 2 a.	40
Les Grands et les Petits, 5 a.	50
Le Héros du marquis de 15 sous.	50
La jeune et la vieille garde, 1 a.	40
Les 2 Sœurs, c.-v. en un a.	40
Adrienne, vaud. en un acte.	40
Les Fumeurs, c.-v. en 2 a.	50
5,000 fr. de récompense, d. 5 a.	50
Les petites misères de la vie. 1	40
Gloire et perruque, v. en 1 a.	40
Les Demoiselles de St-Cyr. 5	1 fr.

Titre	Prix
Le prisonnier en Sibérie, d. 3 é.	50
Lénore, drame en 5 actes.	50
Quand l'amour s'en va...v. 1 a.	40
Un Secret de famille, d.-v. 0 a.	50
Paris, Orléans et Rouen, v. 3 a.	50
Les Dévorants, c.-v. 2 a.	50
Un Jour d'orage, c.	40
L'Écrin. c.-v. 3 a.	50
Les Bohémiens de Paris, d. 5 a.	50
Paméla Giraud, dr. 5 a.	50
Don Quichotte et Sancho Pança, pièce en 13 tableaux.	50
Une Campagne à Deux, c.-v. 1 a.	40
Le Déserteur, op-com. 3 a.	50
Pierre Landais, d. en 5 actes.	50
La Croix d'acier, dr. en 1 a.	30
L'Homme blasé, vaud. en 2 a.	50
Louise Bernard, drame en 5 a. par Alexandre Dumas.	50
Stella, drame en 5 actes.	50
L'Ombre, ballet.	30
Le Vengeur, drame en 3 a.	50
Le Lendemain de la fin du monde, revue en 2 actes.	50

CHEFS-D'ŒUVRE DU THÉATRE-FRANÇAIS.

(à 40 centimes.)

Le Tartuffe, comédie en 5 actes.
Andromaque, tragéd. en 5 actes.
Cinna, tragédie en 5 actes.
Le mariage de Figaro, com. 5 a.
Othello, tragédis en 5 actes.
Le Dépit amoureux, com. 2 act.
Mahomet, tragédie en 5 actes.
Le Cid, tragédie en 5 actes.
Athalie, tragédie en 5 actes.
Hamlet, tragédie en 5 actes.
La Mère coupable, tr. en 5 actes.
La Mort de César, tr. en 3 actes.
Le Barbier de Séville, com. 4 ac.
Phèdre, tragédie en 5 actes.
L'École des femmes, com. en 5 a.
Les Plaideurs, com. en 3 actes.
Les Horaces, trag. en 5 actes.
Le Misanthrope, com. en 5 actes.
Mérope, tragédie en 5 actes.
Zaïre, tragédie en 5 actes.
Britannicus, tragédie en 5 actes.
L'avare, comédie en 5 actes.

En vente : le 35me Vol. du **MAGASIN THÉATRAL,** *1re édition. Prix : 6 fr.*

GALERIE DES ARTISTES DRAMATIQUES,

Contenant 80 portraits en pied des principaux Artistes de Paris, dessinés d'après nature par ALEXANDRE LACAUCHIE, accompagnés d'autant de notices biographiques et littéraires.

PRIX DES DEUX VOLUMES BROCHÉS : 40 FR. — *Ouvrage entièrement terminé.*

TOME PREMIER.

Acteurs.	Auteurs.
1re. Mlle Rachel.............	J. Janin.
2e. M. Perrot.............	E. Briffault.
3e. M. Deburau.............	E. Briffault.
4e. M. Mélingue.............	J. Bouchardy.
5e. Mlle Fanny Elssler.........	E. Briffault.
6e. Mlle Plessy.............	H. Rolle.
7e. M. Duprez.............	E. Briffault.
8e. Mme Mélingue (Théodorine).	J. Bouchardy.
9e. M. Achard.............	E. Guinot.
10e. Mlle Doze.............	E. Briffault.
11e. M. Odry.............	J. T. Merle.
12e. Mlle Fargueil.............	H. Lucas.
13e. M. Francisque aîné........	J. Bouchardy.
14e. M. Lepeintre jeune........	H. Rolle.
15e. Mlle Taglioni.............	J. T. Merle.
16e. Mlle Dupont.............	É. Arago.
17e. M. Boutin.............	L. Couailhac.
18e. M. Levasseur.............	G. Bénédit.
19e. Mlle Flore.............	Du Mersan.
20e. Mlle Georges.............	H. Lucas.
21e. M. Joanny.............	H. Lucas.
22e. M. Albert.............	L. Couailhac.
23e. Mlle Jenny Vertpré........	H. Lucas.
24e. M. Monrose.............	J. T. Merle.
25e. M. Bocage.............	M. Mallefille.
26e. Mlle Pauline Leroux.......	É. Arago.
27e. M. Firmin.............	H. Lucas.
28e. M. Rubini.............	J. Chaudes-Aigues.
29e. M. Saint-Ernest...........	J. Bouchardy.
30e. Mlle Mars.............	E. Briffault.
31e. Mlle Persiani.............	J. Chaudes-Aigues.
32e. M. Menjaud.............	H. Lucas.
33e. Mlle Prévost.............	L. Couailhac.
34e. Mlle Eugénie Sauvage.....	J. T. Merle.
35e. Mme Damoreau...........	C. Bénédit.
36e. M. Lafont.............	J. T. Merle.
37e. M. Bardou.............	H. Lucas.
38e. Beauvallet.............	A. Arnould.
39e. M. Alcide-Tousez........	J. T. Merle.
40e. Mme Volnys.............	H. Rolle.

TOME SECOND.

Acteurs	Auteurs
41e. M. Ferville.............	J. T. Merle.
42e. M. Volnys.............	H. Rolle.
43e. Mme Guillemin.............	M. Aycard.
44e. Mme Gauthier.............	A. Arnould.
45e. M. Lablache.............	Couailhac.
46e. M. Arnal.............	Eugène Briffaut.
47e. Mlle Giulia Grisi.........	Couailhac.
48e. M. Tamburini.............	Chaudes-Aigues.
49e. Mlle Clarisse.............	E. Lemoine.
50e. M. Klein.............	Marie Aycard.
51e. M. Chilly.............	A. Arnould.
52e. Mme Stoltz.............	H. Lucas.
53e. M. Moëssard.............	A. Arnould.
54e. Mme Anna Thillon.........	H. Rolle.
55e. M. Brunet.............	Du Mersan.
56e. Mme Albert.............	H. Lucas.
57e. M. Provost.............	E. Arago.
58e. Mlle Brohan.............	J. T. Merle.
59e. M. Chollet.............	Couailhac.
60e. M. Roger.............	Couailhac.
61e. Mlle Anaïs.............	J. T. Merle.
62e. M. Vernet.............	H. Rolle.
63e. Mlle Carlotta Grisi.........	Th. Gauthier.
64e. Mme Desmousseaux........	Couailhac.
65e. M. Mario.............	P. A. Fiorentino.
66e. Mme Dorval.............	H. Rolle.
67e. Mme Dorus-Gras.........	E. Arago.
68e. M. Regnier.............	Aug. Arnould.
69e. Mlle Mante.............	E. Arago.
70e. Mlle Julienne.............	H. Rolle.
71e. M. Lepeintre aîné........	E. Arago.
72e. Mlle Déjazet.............	E. Guinot.
73e. M. Numa.............	H. Rolle.
74e. M. Samson,.............	A. Arnould.
75e. M. Sainville.............	L. Couailhac.
76e. M. Ligier.............	H. Rolle.
77e. Mme Jenny Colon Leplus...	E. Arago.
78e. M. Raucourt.............	Bouchardy.
79e. M. Bouffé.............	E. Briffault.
80e. M. Frédéric Lemaître......	Adolphe Dumas.

SUITE DE LA GALERIE

DES

ARTISTES DRAMATIQUES DE PARIS.

Il paraît un portrait avec notice les premier et troisième samedis de chaque mois,

Prix : 50 centimes la livraison.

Tous les Portraits seront dessinés par M. ALEXANDRE LACAUCHIE.

LES PREMIÈRES LIVRAISONS PARUES ET A PARAITRE SONT :

Mme Rossi-Caccia, M. Clarence, Mlle Esther! M. Ravel, Mlle Nathalie Fitzjames, etc., etc., etc.

IMPRIMERIE DONDEY-DUPRÉ, RUE SAINT-LOUIS, 46, AU MARAIS.